日本人が知らない

いま朝鮮半島で起こっている本当のこと

龍谷大学教授
李相哲

ビジネス社

――はじめに

日本から朝鮮半島を眺めていると摩訶《まか》不思議なことが多すぎることに気づく。同じ民族なのに、なぜ片方の北朝鮮住民は羊のように大人しく、片方の韓国人は手綱を外した子牛のように制御不能なのか。

北朝鮮では金一族3代が権力を独占し、住民のほぼ10分の1を飢え死にさせながら贅沢《ぜいたく》三昧の生活を送っていても非難されるどころか、「慈愛なるオボイ（父母）」として崇められるのはなぜなのか。

韓国では、国民の多数の支持で選ばれた大統領が、なぜ国民の抵抗に遭い、亡命を余儀なくされたり、自殺に追い込まれたり、途中で引きずり降ろされたり、刑務所に入れられたりするのか。

このような現象は、制度的な違いで説明すべきか。それとも、人間はそもそも暴力には弱く、寛容には、それに付け込んでわがままを貫く習性があるからと説明すべきなのか。朝鮮民族特有のものなのか。そこがどうしてもわからない。

北朝鮮では、指導者が権力維持のため叔父を処刑し、腹違いの兄弟を白昼の国際空港で暗殺し、会議で居眠りしたとして60代の将軍を殺し、住民の半分近くが栄養失調で痩《や》せ細っている中、指導者の家族だけはぶくぶく肥り続けていても、なぜ反乱は起きないのか。

韓国では尹錫悦《ユンソンニョル》大統領が「国家の安寧、秩序を維持するため」憲法の定めの通り非常戒厳を宣布し、国会の要求に応じて、6時間で戒厳を撤回したのに、どうして「内乱の首《しゅ》魁《かい》」として糾弾され、逮捕・拘束され、裁判を受ける身となるのか。国防相、陸軍参謀総長、首都防衛司令官、防諜司令官、警察庁長官はなぜ部下によって逮捕されるのか。これらの軍将校、警察幹部の逮捕を指示しているのは、いったい誰なのか。違法捜査を行い、違法な手続きで強引に大統領を拘束し、弾劾裁判を急がせることで政局を混乱に陥れようとしているのは、いったい誰なのか。

尹政権2年半の間、最大野党「共に民主党」は29回にわたり、政府閣僚や憲法機関の要人を弾劾し、国家予算を野党単独で編成し、犯罪容疑のある野党議員を捜査した検事を弾劾して、国政を麻痺状態に陥れた。それにもかかわらず、韓国のメディアや「知識人」を自認する多くの人々が付和雷同し、民主党に媚《こ》びるのはなぜなのか。

韓国では、戒厳の宣布は、憲法が保障する大統領の固有権限のはずである。尹氏が「法システムを麻痺させ、公共の秩序維持を脅かす反国家勢力を抑えるべき」と判断し、戒厳を宣布したとすれば、それは法的に高度な統治行為であり、何ら問題もないはずだ。

朝鮮半島の魔訶不思議は他にもある。北朝鮮では破綻《はたん》状態の経済を放置し、塗炭《とたん》の苦しみに喘《あえ》ぐ住民の生活を顧みることなく、核やミサイル開発に巨額な資金をつぎ込み、若い兵士たちを死地へ追いやっている。それでも金正恩《キムジョンウン》政権が崩壊しないのはなぜか。２期トランプ政権で金政権はどうなるのか。北朝鮮の非核化や人権問題、拉致問題はなぜ解決しないのか。

韓国では、犯罪疑惑まみれの李在明《イジェミョン》氏が最大野党の代表となり、次期大統領の有力候補として持てはやされている。どうしてこのような人間が政局を左右する存在となり得るのか。左派勢力と保守勢力は、なぜそこまで相手を憎むのか。今後、韓国の政局や北朝鮮との関係はどうなるのか。

このような疑問を持って、それに答えを出すため記したのが本書である。

２０２５年３月１日

著者　李相哲

はじめに —— 003

第1部 壊れゆく韓国

——尹大統領の戒厳宣布で国民は真二つに。韓国は暗黒勢力の手に落ちるのか —— 016

第1章 民主主義が確立しない国家

韓国は銃声のない内乱状態にある —— 025
政治を麻痺させる「反国家勢力」 —— 027
責任逃れする軍人 —— 031
尹氏に襲いかかる司法のハイエナ —— 035
魔女狩りが繰り返される —— 040
まるでフランス革命 —— 044

第2章 「共に民主党」李在明氏の闇

ムーダンに頼る国民 ― 046
歴代大統領も儀式を依頼 ― 049
シャーマニズムを利用する左派勢力 ― 051
李在明氏とは何者なのか ― 054
反保守感情が強い城南市 ― 057
知られざる李氏の出自 ― 060
暴力団組織との癒着 ― 063
公開された証拠資料 ― 065
疑惑を報じれば無差別に告発 ― 068
背後に見え隠れする革命組織「RO」 ― 070
国会に進出した進歩党 ― 073
従北団体「東部連合」との関係 ― 075
尹氏は罠にはまった ― 077

第3章　保守派は復権できるのか

左派の攻撃に屈した尹氏――081
左派の中核をなす三つのグループ――084
民主化は保守勢力が成し遂げた――088
なぜ保守勢力は弱体化したか――091
国家の正統性を問う踏み絵――093
朴正熙は国家のために決起した――095
無政府状態だった韓国――098
汚染された民族史に終止符を打つ――101
朴正熙と尹錫悦のリーダーシップの違い――103
尹氏に不満を募らせた保守勢力――105

第4章 繰り返される報復

勝つためには手段と方法を選ばない —— 108
詐欺師が暗躍した大統領選 —— 111
嘘がまかり通る不条理な社会 —— 115
歴史を逆流させた文在寅氏 —— 116
徹底した保守潰しを敢行 —— 118
尹氏は首謀者を放置した —— 121
綺麗ごとは通用しない —— 124
大統領選から続いた「尹錫悦崩し」—— 126
左派に牛耳られた韓国メディア —— 129

第2部 自滅に向かう北朝鮮

——先代指導者と決別し、南北統一路線を放棄。
ロシア派兵に国運を賭けた金正恩 —— 136

第5章 金一家が食いつぶした国家

贅の限りを尽くす金正恩 —— 142
トランプ大統領はどうするつもりか —— 146
金正恩への忠誠心はわずか10％ —— 149
なぜ国民は金日成を崇拝したか —— 152
金正日から没落が始まった —— 155
金正恩には心遣いも才能もない —— 157
ハッタリとごまかしの指導者 —— 161

金日成の影を消す作業に着手――163
「人民大衆第一主義」という統治理念を導入――165

第6章 すべての事業に失敗

リゾート開発を指示――169
現実離れした事業計画――171
人が来ないスキー場――174
「芝生を植えろ。花を咲かせろ」――177
荒唐無稽な「3大治績事業」――180
「北朝鮮は修理できない」――182
自慢の武器開発もハッタリか――184
ウクライナ戦争で北の兵器は役に立たず――186
ロシア派兵の目的は兵器欲しさ――188

第7章 崩壊する金体制の3本柱

偽善に満ちた人民愛を演出 ― 192
恐怖統治しか残っていない ― 195
洗脳教育も効果なし ― 198
ネジも締めすぎるとバカになる ― 201

第8章 金正恩政権の終焉

シリアのアサド政権と酷似する ― 204
血の粛清が始まるのか ― 206
最大リスクは金正恩の健康異変 ― 208
過渡期の権力は金与正に委譲 ― 211
薬が効かなくなっている ― 215

「ジュエ」が権力を引き継ぐ日は来るのか――218

脚注――222

参考文献――226

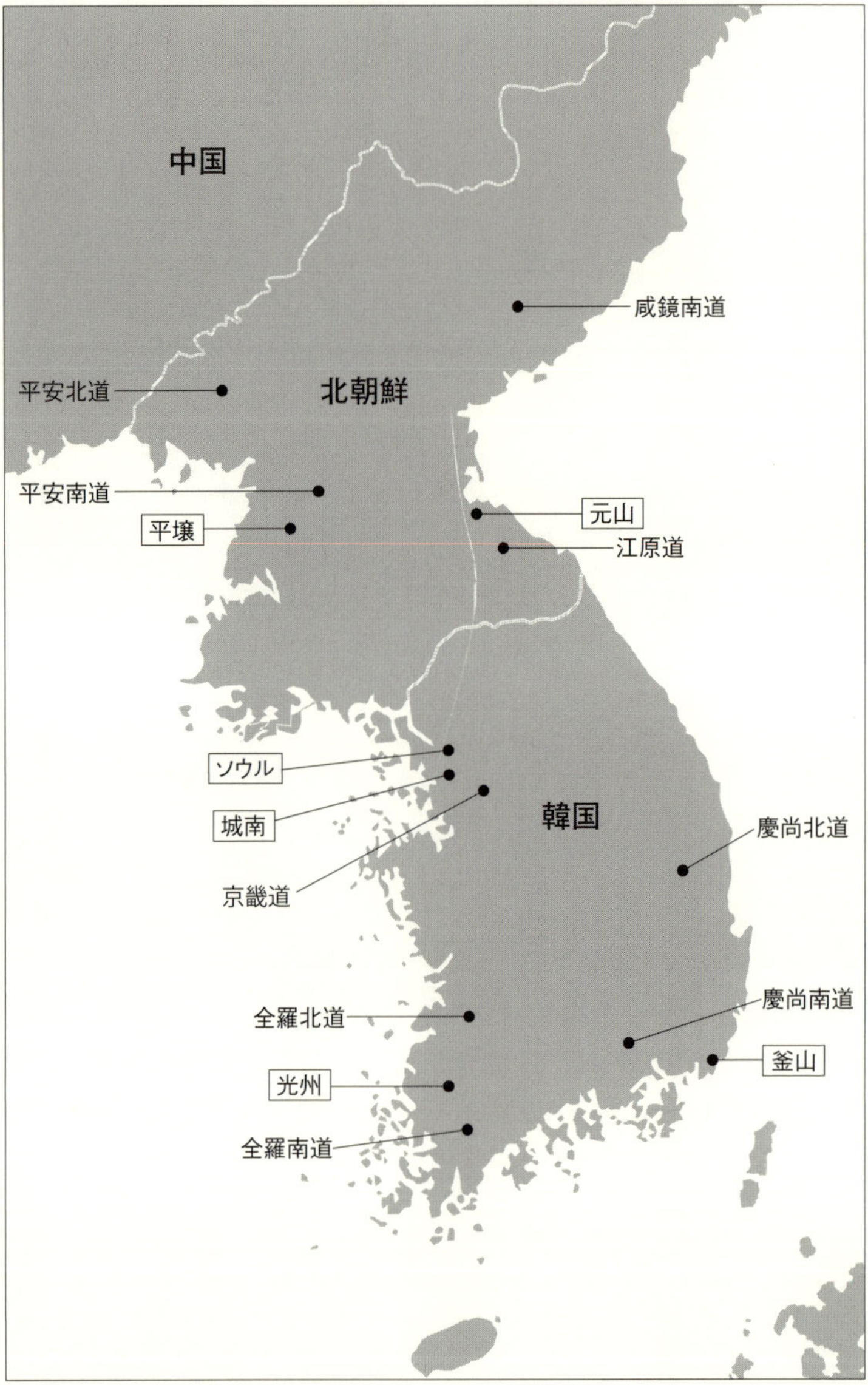
中国
咸鏡南道
平安北道
北朝鮮
平安南道
平壌
元山
江原道
ソウル
城南
京畿道
韓国
慶尚北道
慶尚南道
全羅北道
釜山
光州
全羅南道

第1部

壊れゆく韓国

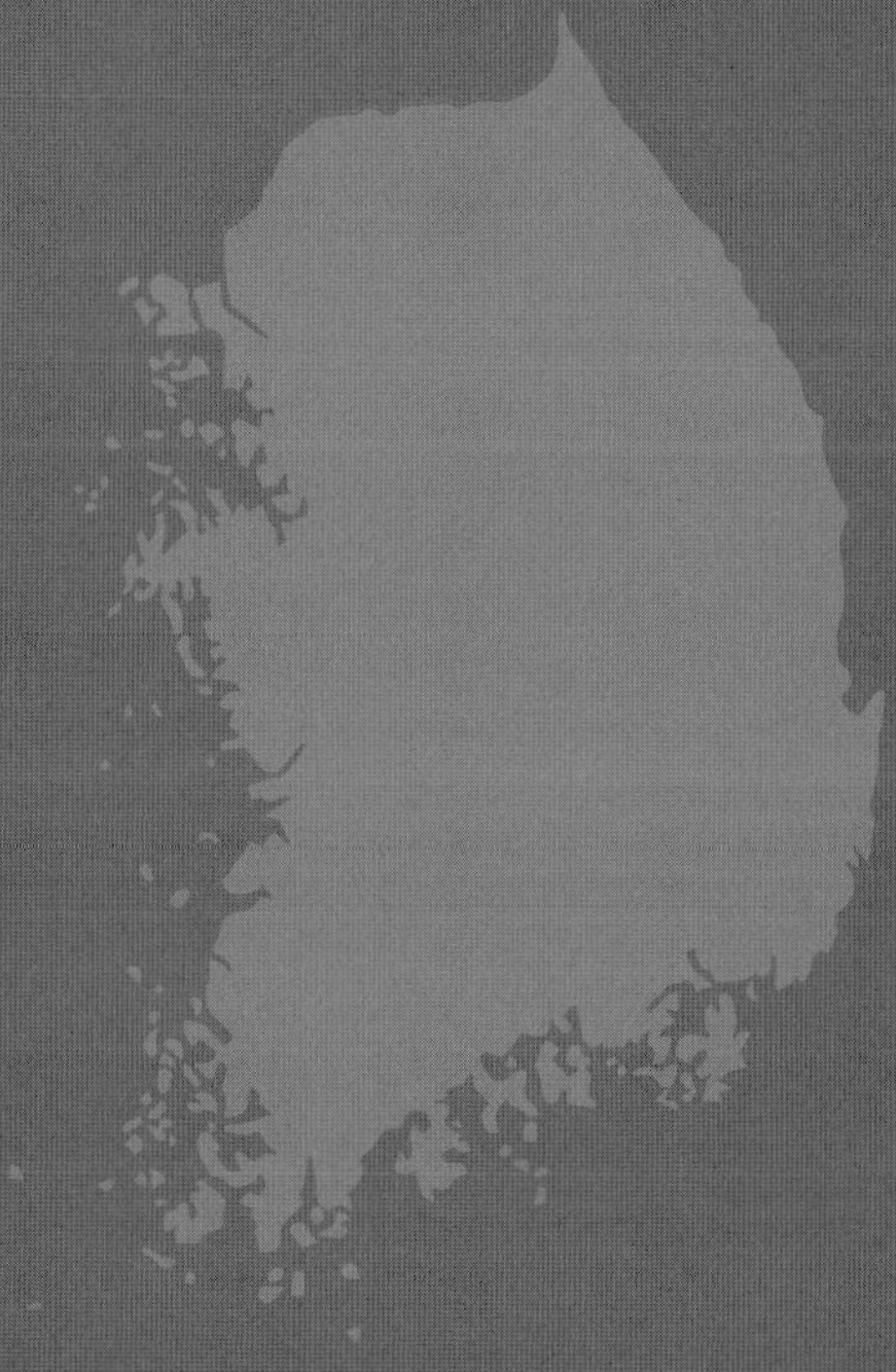

——尹大統領の戒厳宣布で国民は真二つに。韓国は暗黒勢力の手に落ちるのか

尹錫悦《ユンソンニョル》大統領が2024年12月3日に宣布した非常戒厳は、韓国を大混乱に陥れた。大統領や首相、法相、国防相、行政安全相、監査院長といった政府の要職がすべて空席となり、国家機能は大きく揺らいだ。警察庁長官、ソウル警察庁長官、陸軍参謀総長、首都防衛司令官、防諜司令官、特殊戦司令官など軍・警察の幹部らも次々と逮捕・拘束され、まさに国家の危機的状況だ。それでも国がなんとか機能しているのが不思議なほどだ。

国民は真二つに割れ、互いに相手を「内乱勢力」と糾弾し合っている。野党「共に民主党（民主党）」は議会の多数議席を利用して、民主主義の名の下に尹大統領を弾劾した。司法部門もそれに追従し、法律の名の下に違法な令状を発行、尹大統領を拘束した。メディアがそれに迎合し、快哉《かいさい》を叫んでいる。

皮肉なことに、これが「成熟した民主主義」らしい。100万人規模の集会が開かれても暴動は起きず、銃声すら聞こえないのだからと。しかし、誰がどう見ても、現状の韓国は正常とは言い難い。むしろ内乱状態だと言ってよい。

今回の混乱は、韓国の民主主義がいかに脆弱《ぜいじゃく》かを露呈させた。

韓国政府組織図

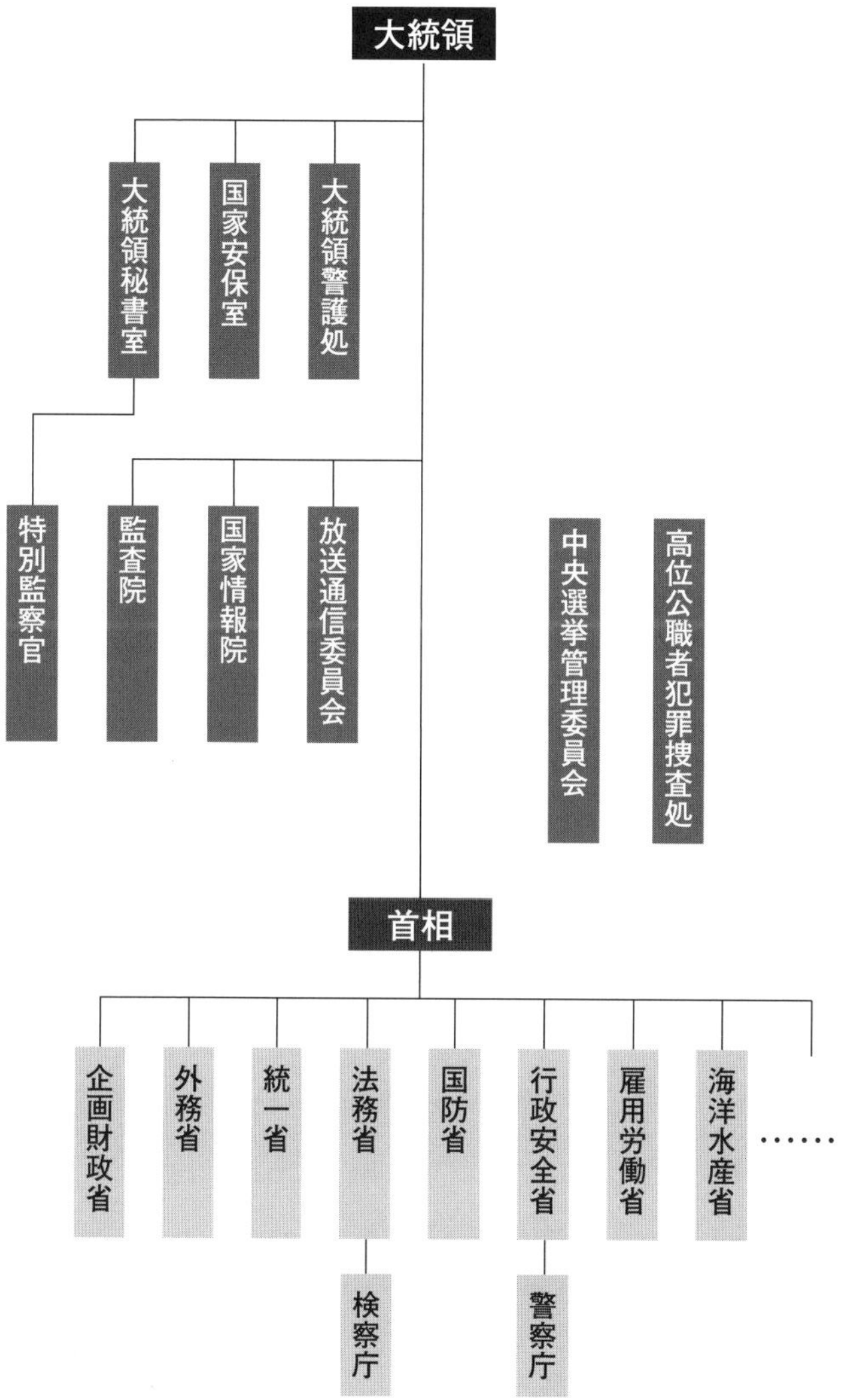
大統領
大統領秘書室
国家安保室
大統領警護処
特別監察官
監査院
国家情報院
放送通信委員会
中央選挙管理委員会
高位公職者犯罪捜査処
首相
企画財政省
外務省
統一省
法務省
国防省
行政安全省
雇用労働省
海洋水産省
……
検察庁
警察庁

立法府である国会は、犯罪者の巣窟と揶揄《やゆ》されるほど、法を犯した国会議員が多い。民主党に至っては議員の41%に前科がある。にもかかわらず、彼らは「選挙という民主主義の手続きで国民から選ばれた」と胸を張る。しかし、果たして彼らの言う「国民」とは誰を指しているのだろうか。

それは、韓国の民主主義体制を転覆させようとした地下革命組織「RO（Revolutionary Organization）」の幹部が関与する「京畿東部連合（東部連合）」のような従北団体（詳細は後述）、あるいは地域住民の生活を搾取してきた利権カルテルや、組織暴力団などの可能性が高い。非常戒厳宣布の際に、尹氏が「破廉恥《はれんち》な従北反国家勢力」と非難したのは、このような勢力を指している。

司法部門はどうか。裁判所は親北思想を持つ「金日成《キムイルソン》奨学生」と呼ばれる左派寄りの裁判官によって実質的に支配されており、公正な裁判が期待できる状況にない。

大統領罷免《ひめん》の可否を裁断する憲法裁判所は、左派寄りの裁判官の「巣窟《そうくつ》」と言われる。憲法裁判所の裁判官は大統領が3人、大法院が3人、国会が3人をそれぞれ推薦し、大統領が任命する仕組みになっている。文在寅《ムンジェイン》政権時代に大統領推薦で憲法裁判官になった文《ムン》炯培《ヒョンベ》憲法裁判所長代理（任期は2025年4月まで）は、左派団体「ウリ（われわれ）法研究会」に所属し、自ら「自分が一番左だ」と公言している人物である。

与党「国民の力」の院内代表によれば、「憲法裁判所8人の裁判官のうち3人は『ウリ法研究会』出身だ。これではもはや憲法裁判所ではなく、『ウリ法裁判所』ではないか。公正な裁判は期待できない」と指摘する。

現在、大統領の職務を代行する崔相穆《チェサンモク》副首相兼企画財政相は、昨年末、空席だった3人の裁判官のうち、2人の任命を発表した。残る1人については、野党が与党の反対を押し切って、ウリ法研究会出身者を推薦し、任命を求めている。

野党が憲法裁判所に任命を迫るこの人物は、かつて体制転覆を目標に結成された地下組織「仁川地域民主労働者連盟（「人民労連」とも言う）の元メンバーだ。人民労連は旧ソ連のマルクス・レーニン主義を信奉し、労働運動と革命を通じて資本主義の克服を目標に挙げる団体だ。綱領には「米軍が民主化運動に参加した光州市民2000人の虐殺に手を貸した」とする荒唐無稽な主張を書き込んでいる。

検察はもっと酷《ひど》い。尹大統領を逮捕・拘束した「高位公職者犯罪捜査処（高捜処）」は、そもそも「内乱の罪」を捜査する権限を持たない。文在寅政権時代に野党主導で成立した「検察捜査権完全剥奪《はくだつ》法」（正式には「改訂検察庁法、改訂刑事訴訟法」）により、検察が捜査できる犯罪は「経済犯罪」と「腐敗犯罪」に限られている。それ以外の公職者犯罪や選挙違反、防衛事業、大惨事に関する捜査権限は警察に委ねられた。

つまり、検察が大統領を「内乱容疑」で捜査すること自体が違法であり、当然ながら逮捕令状の発行も拘束も違法行為である。

裁判所に至っては、さらに深刻だ。「共に民主党」代表の李在明《イジェミョン》氏は、前科4犯であり、12の容疑で捜査を受け、五つの裁判を同時に抱えている。彼には二度も逮捕状が出て、一度は国会で検察の逮捕状請求が可決されたが、裁判所は「公党の代表という立場」を理由に、逮捕状請求を棄却した。ところが同じ裁判所であるのに、尹氏に対しては「大統領という一国の統帥権者の立場」をいっさい考慮せず、「証拠隠滅の可能性がある」として逮捕、拘束令状を発行した。これらの判断を下した裁判官は、ウリ法研究会の出身者である。

韓国には約2900人の裁判官がいるが、そのうちウリ法研究会出身者は120人ほどで全体の5%に過ぎない。しかし、その害悪は甚大だ。文在寅政権時代に、これら左派寄りの判事が大法院（最高裁判所）院長やソウル中央地方裁判所、その他の司法部門の要所に配置され、現在も多くがそのポストに居座り続けている状況である。このような裁判官の下で進められている尹大統領の刑事裁判に公正さを期待するのは無理かもしれない。

韓国憲法学会副会長を歴任したイ・ホソン国民大学教授によれば、「そもそも非常戒厳宣布は、大統領の固有権限であり、憲法が保障する大統領の統治行為である。それが罪になるのであれば、我が国の憲法に問題があるということだ」と指摘する。

しかし、こうした法理論はいまの韓国では通用しない。尹氏が言うように「この国の法はすべて崩壊した」からだ。

○

韓国がいつも騒がしいのは、常識が通用しにくく、法律が国民感情に左右されやすい上に、メディアが扇動的だからだ。立法府、検察、裁判所までが、世論の動向を見て判断することが少なくない。メディアは国民の感情を代弁していると勘違いし、煽《あお》られた大衆が街に繰り出して大集会を開き、デモを行うと、政治家までもが国民情緒に迎合してデモの先頭に立つ。

日本の福島第一原子力発電所の処理水放出に対する反対デモも、その典型的な例である。李在明代表は処理水放出に抗議して、24日間のハンガーストライキを実施し、「汚染水（韓国では処理水を「汚染水」と呼んでいた）の放出は核テロだ」と日本を激しく糾弾した。さらに民主党の京畿道党委員長は、野党主催の「福島汚染水海洋投棄糾弾汎国民大会」で、「福島汚染水を飲むくらいなら大便を食べる」と発言。芸能人の中には「汚染水を放出すれば放射能雨が降り注ぎ、地球が光を失うだろう」と騒ぐ者まで現れた。メディアはこれらの発言をそのまま報道し、扇動を助長した。

こうした野党とデモ隊の圧力に屈した尹錫悦政権は、その後1年間で、水産物や海洋水、生鮮食品に対する検査を4万件以上実施し、総額1兆5000億ウォンもの莫大な費用をつぎ込む結果となった。

李明博《イ・ミョンバク》時代には、政府が米国産牛肉の輸入を決定すると、メディアは、「米国産牛肉を食べると脳に穴が開く」「米国産牛肉を食べるくらいなら、青酸カリを飲んだほうがいい」などと、左派政治家や芸能人、市民団体の主張をそのまま伝えた。大衆を煽った結果、数カ月もの間、国は麻痺状態に陥ったことがある。

のちに公営メディア「文化放送（MBC）」テレビが、アメリカの酪農家を取材した映像のインタビュー内容をでっち上げていたことが判明する。しかし、それが明らかになっても罰せられることはなかった。

尹大統領弾劾騒動でも、MBCのような左派メディアは魚が水を得たとばかりに、連日特番、特集を組んでセンセーショナルな報道を繰り返した。いま韓国のテレビや新聞を飾る夥《おびただ》しい非常戒厳報道のキーワードは、「弾劾」「逮捕」「拘束」「内乱」「首魁《しゅかい》」「頭」などと言った物騒な言葉ばかりだ。

幸か不幸か、現在の韓国社会ではデジタル革命により既存メディアの影響力が弱まり、SNSが絶大な影響力を持つようになった。文在寅政権時代、テレビから降板させられ、既存メディアから排除された保守系の有識者らが、ブログや電子新聞、YouTubeを通じて自身の意見を発信し、ニュースの深層を探るようになった。

8年前、朴槿恵《パククネ》大統領が左派勢力によってあっけなく弾劾されたのは、SNSの影響力が十分でなかったためとされる。一方、今回の尹錫悦大統領弾劾に際して尹氏の支持率が逆に上昇したのは、SNSが事実を伝えているためだとも言われている。

非常戒厳宣布後の一連の現象は、デジタル革命、さらにはYouTube革命がもたらしたものと解釈されているようだ。デジタル革命によって、韓国の左派と保守勢力との分裂は固定化し、対立はさらに激しくなったという見方もある。それは人々が自分の好む情報や、見たいものだけを選択する傾向が強くなったからだと指摘されている。

確かに、尹大統領弾劾を巡る激しい与野党の攻防、左派と保守派勢力との熾烈な対立に油を注ぐのが、YouTubeなどのSNSである。この対立は今後も収まらないのではないか。むしろ激化し、本当に内乱に発展する可能性すらも否定できない。国そのものが壊れてしまう恐れもある。

しかし、韓国はなぜ、いつもこんなに激しく揺れ動くのか。韓国はこの先、いったいどうなるのか。

第1章

民主主義が確立しない国家

韓国は銃声のない内乱状態にある

ソウルに戒厳令が敷かれたのは44年ぶりだった。2024年12月3日夜11時過ぎ、韓国の尹錫悦《ユンソンニョル》大統領が非常戒厳を宣布したニュースが飛び込んだ瞬間、筆者は耳を疑った。一瞬、戦争が起きたかと緊張したが、国会に特殊部隊が送り込まれたとのニュースを聞いて「やはりそうだったのか」と納得した。尹氏がついに左派勢力一掃に乗り出したと分かったからである。尹氏が大統領に就任して以来、韓国政局を固唾《かたず》を呑んで見つめてきた筆者にとって戒厳令は、まったく意外のことではなかった。

もはや韓国は銃声のない内乱状態にある。銃剣を手に持ち、殺し合いには至っていないものの、左派と保守勢力は熾烈《しれつ》な戦いを繰り広げている。その先頭に立っているのが李在《イジェ》明《ミョン》氏と尹錫悦氏だ。

社会の底辺から這《は》い上がった前科4犯の野党「共に民主党」代表・李在明氏は、組織暴力団や従北左派勢力の応援を背景に、大統領候補にまで躍り出た。李氏は12の犯罪容疑で裁判を受けている身だ。検事総長出身の尹錫悦氏率いる保守勢力は、李氏が率いる左派勢力の攻撃に守勢に立たされ、後退を続けてきた。しかし、ここにきていよいよ反撃に出たのだ。

非常戒厳から1時間後に出された「戒厳司令部布告1号」では、「国会と地方議会、政党の活動と政治的結社、集会、デモなど一切の政治活動を禁じる」ことが宣布された。しかし国会周辺には多くの市民団体が詰めかけ、テレビはその模様を生中継し、国会議員らは「戒厳軍」からの制止を受けることもなく本会議場に集まり、非常戒厳の解除を議決した。2時間後に大統領は解除を宣言、事態は6時間であっけなく幕切れとなった。

いったい何が起きたというのか。尹氏は何をするつもりだったのか。

これまで、尹氏をさんざん悩ましてきた国会を解散できたわけでもなく、李氏を逮捕したわけでもない。「従北反国家勢力」をあぶりだして、逮捕したわけでもなかった。

政治を麻痺させる「反国家勢力」

非常戒厳を宣布した理由を尹氏は、「北韓（北朝鮮）共産勢力の脅威から自由大韓民国を守護し、わが国民の自由と幸福を略奪する破廉恥《はれんち》な従北反国家勢力を撲滅するため」と述べた。

「反国家勢力」とは誰のことか具体的に触れなかったが、韓国人の多くは直観的に、李在明氏と彼に追随する勢力、すなわち国会を無法地帯に陥れている民主党所属議員を指すものだと分かっていた。

党首の李在明氏だけでなく、議員の40％以上が前科のある者で占める民主党が、国会で法相、検事総長、捜査官まで呼びつけ、叱りつける光景に、検事出身の尹氏が我慢できなかったとしても不思議はない。

民主党は国会での多数議席を理由に、国会議長をはじめ17の小委員会の重要ポストを独占。尹政権の法相、行政安全相、首相に対する弾劾を成立させ、職務停止状態に追い込んだ。さらに、李在明氏を捜査した検事や、文在寅《ムンジェイン》政権時代の不正を監査しようとした監査院長も弾劾した。加えて、でっちあげや歪曲《わいきょく》、誇張報道を繰り返す左派メディアの横暴を

韓国の国会勢力図（定数300）

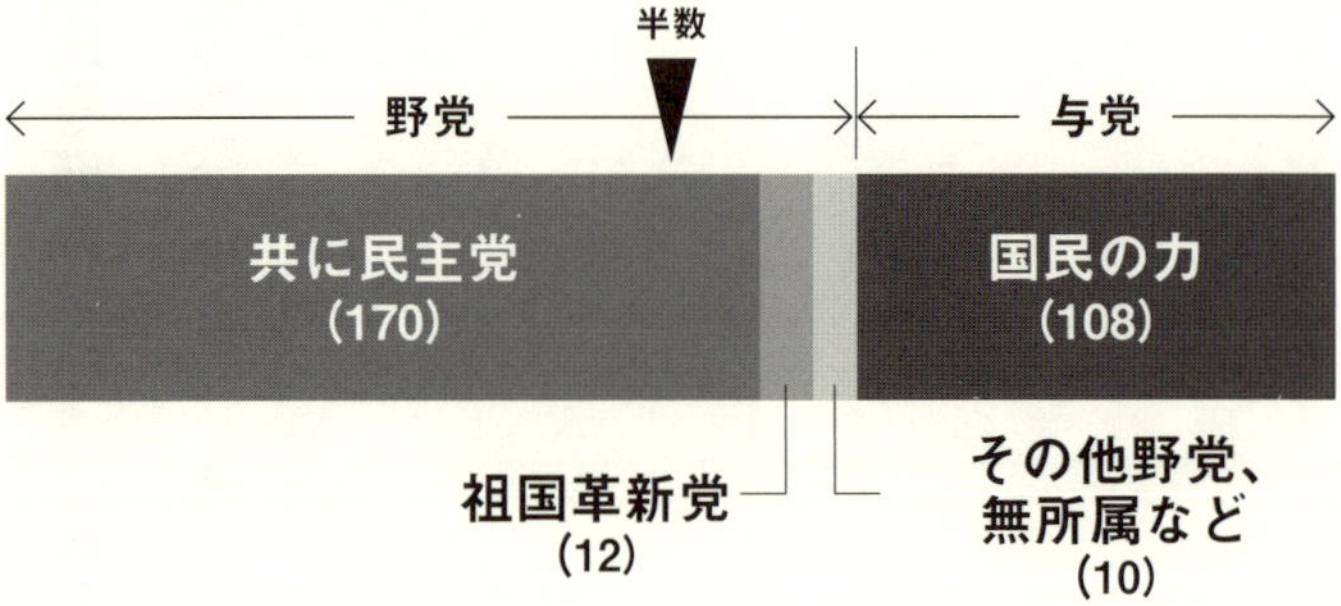

抑える権限を持つ放送通信委員長も弾劾の対象とした。

尹氏が22年5月に大統領に就任してから2年半の間に、民主党は尹政権の閣僚、独立機関の長を罷免《ひめん》する29件もの弾劾訴追案を国会で採択。政府を麻痺状態に追い込んだ。

尹氏は昨年12月12日、対国民談話を発表し、野党の専横に対して次のように述べている。

「いま、野党は非常戒厳宣布が内乱の罪に該当するとして、狂ったように舞を踊っています。いったい、この国の政治を麻痺させ、国憲を紊乱《びんらん》する勢力は誰なのでしょうか。2年半もの間に巨大野党は、国民が選んだ大統領を認めず、引きずりおろすために、弾劾扇動をやめたことはありません。私の大統領任期が始まったときから現在に至るまで、野党は178回に上る退陣、弾劾集会を開きました。（中略）国民の皆さん、私は最後の瞬間まで戦うつもりです」

この談話を発表した2日後の14日、野党は2度目の弾劾訴追案を国会に上程し、大統領弾劾に成功した。しかし、これだけでは、大統領の息を完全に止めることは難しいと思ったのだろう。憲法裁判所で進行中の弾劾裁判とは別途に、尹氏を、外国勢力を引きずりこんで国会を混乱に陥れた「外患の罪」で裁くとして、「尹錫悦政府の内乱・外患行為の真相究明のための特別検事任命などに関する法律案」を国会に上程した。

この特別法案が国会を通過し、特別検察が尹氏を有罪にすれば、法律上は「死刑」に該当する。

民主党が内乱容疑のほかに、「外患の罪」に該当するとした理由について、民主党は「(尹氏は)海外紛争地域に派兵を図ったほか、北朝鮮向けの拡声器を稼働させ、対北朝鮮のビラを大量散布し、無人機を平壌に進入させ、北朝鮮から飛来する汚物風船に対する報復攻撃を計画した」としている。

しかし、「海外紛争地域に派兵を図った」に関しては、実際には北朝鮮のロシア派兵による安全保障上の脅威に対処するため、韓国政府代表団がウクライナを訪問し、情報当局と面会しただけに過ぎない。

特別法案を国会に上程した野党は、これと並行して「内乱容疑真相究明特別委員会（国調特委）」を開催。金明秀《キムミョンス》・合同参謀本部議長をはじめ将校らを国会に呼びつけて、こう追及した。

野党議員「尹大統領は、外患を誘致するために無人機を平壌に送り込んだのではないか」

金参謀本部議長「北朝鮮の金正恩《キムジョンウン》がお金を使って（スパイを送り込んで、無人機の情報を）確認しなければならないことを、なぜわれわれの方から相手に教えてやらなければならないのか。職を賭《と》して申し上げる。わが軍は外患誘致につながることは決してしていない」

辛口政治評論家として知られる全元策《チョンウォンチェク》氏（弁護士）は、「この光景をテレビで見ていた韓国人の多くは、民主党が金正恩の代わりに、尹政府を追及していると錯覚しただろう。慨嘆を禁じ得ない」と語っていた。

民主党が尹氏を弾劾するために国会に上程した最初の弾劾訴追案（24年12月7日）には、同党の本質が如実に表れている。弾劾理由の一つとして、「尹政府は北韓、中国、ロシアを敵視し、日本を中心とした奇妙な外交政策を固守した」ことを挙げていた。

民主党は、尹氏が大統領の足を引っ張るため、閣僚の弾劾を繰り返すと同時に、尹氏の家族をターゲットとする「特別検事法」も何度も国会に持ち込んだ。夫人の「金建希《キムゴニ》特別検事任命法案」を4回も国会に上程し、可決して大統領に署名を迫った。同法案は、夫人の疑惑を究明するのが目的ではなく、尹氏に恥をかかせ、支持率を下げるのが目的だった。野党が任命する特別検事が100人近い捜査チームをつくり、100億ウォン近い国費を費やして、夫人を調査する。

結婚前の夫人についての株価操作疑惑[1]や、民間人から高級バッグを受け取った問題、人事や選挙への介入を調べるという内容だったが、これらの「容疑」は、文在寅政権で捜査済みの案件以外、すべて噂に過ぎず、しかも法に抵触する案件でもない。

経歴をごまかしたり、高級バッグをもらったりしたのは、大統領夫人としては「軽率で賢明ではない行い」（尹氏）ではあったとしても、これら案件を多額の国費を費やして大規模な捜査官が調べる類のものではない。

尹氏が「野党が狂った舞を踊っている」と言ったのは、野党のこのような無差別攻撃を指すものであったのはいうまでもない。

責任逃れする軍人

それにしても、尹氏の非常戒厳宣布は、大統領の失敗を虎視《こし》眈々《たんたん》と狙っていた野党と左派勢力には、絶好のチャンスを与えることとなった。

非常戒厳が解除された後、韓国の検察、警察、国防捜査本部は、内乱に加担した容疑で、前国防相、警察庁長官、ソウル警察庁長官、陸軍参謀総長、首都防衛司令官、防諜司令官、特殊戦司令官など、軍と警察の幹部らをすばやく逮捕し拘束した。それが可能だったのは、民主党に媚《こ》びる、李在明勢力と通じている司法部門の幹部の暗躍があったのは言うまでもない。

逮捕劇が繰り広げられる前に、国会国防委員会が主催した「非常戒厳宣布経緯および兵力動員に関する緊急懸案調査（緊急調査）」１次会議には、国防省次官、陸軍参謀総長をはじめ防諜司令官、特殊戦司令官、首都防衛司令官ら非常戒厳を実行した軍幹部らが出席。恭《うやうや》しく野党議員らの前にずらっと並んで座り、叱りを受ける一幕もあった。

野党議員「非常戒厳を宣布した夜、軍はヘリコプターを24回飛ばし、武装した兵士２８０人を国会敷地に投入したが、これは誰の命令か」

陸軍参謀総長「私ではありません」

同じ質問に対して、

国防省次官「私は命令を出す立場ではありませんでした」

野党議員「大統領は、国会が犯罪者の巣窟《そうくつ》になってしまったと発言したが、それに同意するか」

国防省次官「私はそれに同意しません。国防次官の職責にいながら、このような事態が起きたことを未然に確認できず、進行過程にそれを阻止できなかったことに対し、個人的には惨憺《さんたん》たる気持ちです。とても悲しい」

数日後に国会が開いた2次聴聞会では、「非常戒厳解除決議」採択を軍が妨害した容疑が追及された。

野党議員「非常戒厳宣布当日、国会議事堂の中に議員150人以上が入れないように指示したのはだれか」

特殊戦司令官「国防相からこのような（具体的な）指示があったことを知ったのは後になってからです。国会本会議場に突入するとき、恐怖弾やテイザーガン（スタンガン）を使用する方法も検討されたという話もありますが、それは、上部の指示が（自分を通さず）そのまま所属部隊の隊員に伝わっただけです。これは、明白に間違ったものだと判断しました」

陸軍参謀総長「特殊戦司令官は私が、恐怖弾とテイザーガン使用を提案したと話しましたが、それは違います」

つまり、司令官と参謀総長のどちらかは嘘をついていたのである。

そのとき、緊急懸案質疑に出席していた「707特殊任務団」のキム・ヒョンテ団長は、「涙をこらえるために拳《こぶし》を握りしめたりしていたが、最後は涙を流して、ハンカチに顔を埋めた」（韓国メディア）。「707特殊任務団」とは北朝鮮首脳部の暗殺を任務とする特殊部隊で、今回の非常戒厳で国会に投入された。

尹大統領が非常戒厳さえ宣布しなかったら、巻き込まれずに済んだはずなのにという悔し涙だったのか、それとも野党議員と、国民に「反省している」姿をみせようとしたのかは不明だ。

尹大統領は憲法上、軍の統帥権者である。統帥権者の命令に従うのは軍人の本分であり、義務である。そのはずなのに将軍たるものが、統帥権者の命令に従わなかったことを自慢し、責任をなすりつけ合い、国会で嘘をついたり泣いたりする。

韓国の国民的歌手で、歌皇（歌王以上という意味）と呼ばれるナ・フナ氏は、コンサート会場で聴衆に向かってこう話した。

「いま、私たちの頭の上に爆弾が落ちてもちっともおかしくない。それが韓国の状況だ。

ところが軍人の皆さんは（おとなしく）拘置所にぶち込まれたり、テレビの前でピーピー泣いたりする。そんな彼らにわれわれの命を委ねているのだから、おかしな国だ」

尹氏に襲いかかる司法のハイエナ

卑怯《ひきょう》なのは軍人だけではない。検察も警察も裁判官も同じだ。

朴槿恵《パククネ》政権で大統領府秘書官を務めたチャ・ヒョンギュ（仮名）氏は、「尹氏が国会で弾劾され権力を失ったとみて、検察、警察、高捜処の検事たちはハイエナのように尹大統領に襲いかかっている。その中には尹氏が抜擢《ばってき》し、任命した幹部もいる」「権力の向背に敏感な彼らは、すでに民主党に媚びている」と歎《なげ》いた。

チャ氏によれば、彼らはみんな自分の生活のことだけを考えている。民主党のためにいま功をたてれば、将来、国会議員に出馬できるチャンスをもらう可能性がある。尹氏を守ろうとして運悪く民主党に訴えられたら、人生を棒に振りかねない。退職金も、年金ももらえず、路頭にまようことになりかねない。

そしてこういうときに登場するのが、韓国では「役に立つバカ（知性人を自認する連中）」と呼ばれる人たちである。政治評論家を称する大学教授、専門家、かつて判事だったと称する知性人たちは、尹氏の弾劾が妥当か否かの審理が始まってもないのに、「尹氏が捜査に協力しないのは、大統領としてふさわしくない」などと批判のボルテージを上げる。

その舞台をつくるのがメディアだ。メディアが大衆を煽ると、「弾劾！　弾劾！」で雰囲気はさらに盛り上がる。

尹大統領に対する抗議デモには、爆音でK-POPを流しながら、ペンライトを振る人たちや、檻《おり》に囲まれた尹氏の頭の人形を担いで歩く集団も現われた。「尹錫悦を即罷免せよ！」「尹氏を処断せよ！」と絶叫し、ピケットを手に激しくこぶしを振り、群衆の中には、興奮のあまり泣き叫ぶ者や踊る者、歌を歌う者もいる。

集会には芸能人、デモを職業とする市民活動家や、政治家が必ず登場する。こういう人たちを韓国では「政治ムーダン[2]」と呼ぶ。舞台に登場する芸能人や政治家は、神霊が身に降臨したように体を激しく振りながら叫び、「誰かを吊るし上げろ」と群衆を煽《あお》る。

韓国警察が尹氏逮捕に動いたのは、尹氏が国会で弾劾されてからちょうど1カ月後の1月15日だった。この日、高捜処は、4200人の逮捕チームをつくり、大統領官邸周辺を固め、尹氏の身柄拘束に臨んだ。

しかし、これに反発する支持者たちは、官邸前の広場で大規模な抗議集会を展開した。

ソウルの国会周辺で尹錫悦大統領の弾劾を訴える市民

酷寒の中で抗議集会は2週間以上も続いた。夜は寒さをしのぐために、防寒着の上にビニールをぐるぐる巻いている支持者もいた。司法試験準備のため夜遅くまで勉強し、デモや集会には参加したことがなかったという青年は、集会場の臨時の演壇に立ち、「こんな状況で家にいることができなかった。逮捕は不当だと思う。高捜処の逮捕状は無効だ」と訴えた。すると、群衆から「逮捕を阻止せよ!」「高捜処を解体せよ!」と叫ぶ声が飛んだ。

高捜処は、「大統領官邸進入を阻む者は公務執行妨害で逮捕する」と威嚇《いかく》した。そのうえで、大統領を守る警護処の幹部に対する逮捕状を発行し、武装警察まで動員して万端の準備を整え、逮捕令状を執行しようとした。高捜処が強引に逮捕に踏み切った場合、大統領警護処が抵抗すれば、流血事態も避けられない恐れがあった。ピリピリした雰囲気が漂ったが、大統領自ら出頭に同意したため、逮捕劇はあっけなく終わった。

出頭する直前に収録したメッセージ映像で、尹大統領は国民に対しこう訴えた。

「この国に、法律は完全に崩壊した」「捜査権のない機関に令状が発行され、令状審査権のない裁判所が逮捕令状と家宅捜索令状を発付した。これを見ながら、捜査機関が虚偽の公文書(官邸への出入り許可書)をつくり(偽造)、不法に不法を重ねていることに慨嘆を禁じ得ない」

尹氏の言うとおり、法律上、高捜処には「内乱の容疑」を捜査する権限がない。

当初、尹氏の捜査に乗り出したのは検察に加えて、警察庁国家捜査本部、国防省捜査本部と高捜処の四つの捜査機関だった。しかし、重複捜査による混乱や非効率的との批判の声が上がったため、検察は捜査から手を引き、高捜処中心の共助捜査本部がつくられた。本来は「内乱の容疑」を捜査できるのは警察のみというのが尹氏側の主張だった。

文在寅政権時代、民主党は検察を牽制するため、「国民の力」の反対を押しきって、民主党単独で「検・警捜査権調整」法案を成立させた。韓国では、これを「検捜完剝《かんぱく》」、すなわち検察の捜査権を完全に剝奪するための法案と呼ぶ。

その際に、検察の不正を捜査する目的で独立機関として設立したのが「高捜処」だ。高捜処は、文在寅の大統領選挙公約でもあった。

20年7月に発足した高捜処は、検事25人、捜査官40人、職員20数人。しかし、これまで年間数百億ウォンの予算を費やし、5年間の間に起訴に持ち込むことに成功した案件はわずか5件しかなく、その能力が問題視された。「高捜処」無用論が浮上した矢先に、大統領逮捕という前代未聞の手柄を立てたのである。

尹氏弾劾に賛成する集会に参加した40代の男性は、韓国メディアに「わが国では現職大統領さえも逮捕、拘束できるのだから、本当の意味で民主主義国家だ」と誇らしげに語っていた。しかし、評論家の全元策氏は「韓国に民主主義は釣り合わないのではないか」と疑問を呈する。

魔女狩りが繰り返される

世論に煽られ、大衆が騒ぎ、国会が大統領を弾劾し、検察が大統領を刑務所に送るのは、韓国では初めて目にする光景ではない。8年前の16年12月にも、ソウル市内の中心部では同じ光景が繰り広げられた。当時標的になったのは女性大統領の朴槿恵氏だった。「国政壟断《ろうだん》」の罪を犯したとして、朴氏を大統領の座から引きずり下ろすためにロウソクを手にソウル広場に集まった群衆は、毎日数十万人規模に上った。群衆を煽ったのは、いうまでもなくメディアだ。民主党とメディアがつくり上げたストーリーはこうだ。

朴槿恵氏は父である朴正熙《パクチョンヒ》元大統領に郷愁を抱く保守派勢力の支持によって大統領に就任した。しかし、国政を司る能力に乏しく、民間人である崔順実《チェスンシル》（後に崔瑞元《チェソウォン》に改名）に操られていた。崔順実は、宗教家を名乗る崔太敏《チェテミン》という怪しい人物の娘でもある。朴槿恵氏は若い時から崔一家にとりつかれ、崔太敏が死亡した後は、崔順実にコントロールされた。

韓国左派よりのメディアＪＴＢＣは、その証拠として、崔順実が朴槿恵氏を操る際に使用したタブレットＰＣを見つけたと報じた。崔順実はこれで朴大統領の演説文を修正し、国務関連資料を閲覧し、人事に介入し、国政を壟断したという内容だった。

ＪＴＢＣのスクープが報じられた後、盧武鉉《ノムヒョン》政権時代に統一相を務めた鄭東泳《チョンドンヨン》は「これは韓国版ラスプーチン事件」だと大統領を非難した。ラスプーチンとは帝政ロシアの皇帝ニコライ2世の信頼を得て国政を独占し、帝政ロシアを崩壊に導いた、いかがわしい修道士として知られる人物だ。

「プライドの高い」韓国国民の神経を刺激するこの種の報道は、朴槿恵氏の命とりとなった。彼らは自分たちが選んだ大統領が無能だったために、民間人の女性に頼っていたことに憤慨した。支持率は瞬《また》く間に4％まで急落。群衆はロウソクを手に連日、広場に繰り出して「朴槿恵を弾劾せよ！」「朴槿恵を処断せよ！」と糾弾した。

ところが、朴氏を断罪する決定的な証拠としてテレビに映し出されたタブレットＰＣの中身（保存されていたファイルの内容）は、実際にはテレビ局がデスクトップ画面を映したものだったことが後に明らかになった。そもそも、タブレットＰＣは崔順実氏の所有物ですらなかった。

この入手経緯について、ＪＴＢＣは当初、拾ったと説明した。記者が崔順実氏のオフィスを訪れたところ、テーブル一つだけを残して移転しており、この引き出しの中にタブレットＰＣがあったという。それが朴大統領を操っていたＰＣだと報じられた。

しかし、「できすぎたストーリーではないか」との指摘を受けて、今度は崔氏が住むマンションのゴミ捨て場で拾ったと弁明した。その後、特別検察は第2、第3のＰＣを入手したと発表した。しかし、裁判では、その中には「意味のある内容は含まれていなかった」と、証拠物から除外された。

朴槿恵大統領弾劾の決定打となったＰＣが証拠と認められなかったにもかかわらず、テレビ局も検察もいまだに謝罪も釈明も行っていない。このような不条理が韓国ではまかり通るのだ。それは、国全体が興奮状態に陥ると、「細かい事実」は重要視されなくなり、メディアも大衆も「過去の話」に関心を示さなくなるからである。国会もメディアも、朴大統領が国政運営において何を誤り、それがなぜ国政壟断に当たるのかという事実関係の調査には無関心だ。

メディアはさらに、朴大統領の知られざる隠密な生活を執拗に探った。特に関心を示したのが、14年4月16日に発生したセウォル号沈没事故[3]当日の大統領の「空白の7時間」

だった。

セウォル号は、全羅南道珍島沖で沈没し、修学旅行中の多くの高校生らが死亡した大惨事だった。しかし、朴大統領が事故発生から7時間にわたって公の場に姿を見せなかったことが問題となり、メディアはその時間帯の動向を徹底的に追及した。

しかし、多くが伝聞をもとに憶測を加えたもので、「官邸で美容施術を受けていた」「ムーダン（巫堂《ふどう》）を呼んで儀式を行っていた」「性機能改善薬を大統領府に大量に搬入した」――といった内容が相次いだ。朴大統領が某男性と密会していたとの疑惑までが報道された。

誤報も多かった。朴大統領批判の急先鋒だった左派新聞「ハンギョレ」は、朴大統領がスポーツ振興策の一環として財閥企業から228億ウォンを集め、「Kスポーツ財団」を設立し、理事長に崔順実が通うマッサージ店のマッサージ師を抜擢したと報じた。しかし、マッサージ店とは「運動機能センター」（スポーツ治療院）のことであり、理事長に就任したセンター長は、ソウル大学で医学博士号を取得したスポーツ医学の専門家だった。また、崔順実は治療相談のために同センターを訪れたことがあったが、「マッサージ店の常連だった崔氏が財団理事長人事に関与した」と歪曲して伝えられた。

このような意図的な誤報が大衆を煽り、司法部門の判断に影響を与えたことは言うまでもない。記事を書いた記者はその後、文在寅大統領府のスポークスマンに就任し、後に議員にまでなった。国会でも虚言癖で知られ、無差別暴露で有名になった金宜謙《キムウィギョム》氏である。

金氏は民主党スポークスマン時代の22年11月、韓国国会を表敬訪問したフェルナンデスEU大使との会談内容を歪曲し、問題となったことがある。大使が民主党の李在明代表と会談した際、「北朝鮮が挑発の度合いを高めているのに、尹錫悦政権の対応には限界があるようだ」と、大使が尹政権の対北朝鮮政策を批判したと発表した。

これが韓国メディアに報じられた後、驚いた大使が「金スポークスマンは私の話を歪曲した」と否定し、抗議した。

まるでフランス革命

国会が朴槿恵大統領を弾劾した際、元にした証拠資料16件のうち、14件は金氏のような記者が書いた新聞報道だ。朴大統領の弾劾訴追案が憲法裁判所に送られた後、筆者は深層を探るためソウルを訪問した。月刊『朝鮮』の編集長はそのとき韓国の雰囲気をこう説明した。

「韓国は18世紀のフランス革命のようだ。朴大統領はマリー・アントワネット王妃のような運命をたどるかもしれない。メディアの報道で葬られるかもしれない」

案の定、朴大統領はあっけなく弾劾され、刑事裁判を受ける身となった。

「パンがなければケーキを食べればいい」と言い放ったとされるマリー・アントワネットは、淫《みだ》らな生活や浪費癖、近親相姦などの疑いで、パリ市民によって断頭台へと引きずり出され、処刑された。しかし、フランス革命を研究した専門家の論文によれば、彼女に関する噂の多くは、王妃を革命の生贄《いけにえ》にしようとした卑劣な貴族たちが広めたデマだった。

同じように理性を失った韓国メディアが広めた噂レベルの報道によって、朴大統領は結局、市民の「敵」とされた。デモ隊は断頭台をつくって朴大統領の人形を吊るして行進した。紙でつくった朴大統領の首をボール代わりにして蹴る子どもの姿もあった。デモには次期大統領の有力候補だった文在寅氏も参加し、「政権交代がなければ革命しかない」と群衆を煽った。

朴大統領は収賄罪で懲役22年、罰金180億ウォンの判決が下ったが、朴大統領が清廉潔白な政治家であることは広く知られていた。しかし、検察は崔順実が受け取った賄賂を、朴大統領への賄賂に該当すると見なし、「朴大統領と崔順実は一心同体である」というストーリーをつくり上げた。驚いたことにこれを裁判所も受け入れたのだ。

第2章

「共に民主党」李在明氏の闇

ムーダンに頼る国民

ムーダン（巫堂《ふどう》）を知らずに、韓国的な不条理や韓国政治を理解することはできない。ムーダンの「ム＝巫」は、天と地の間で舞う人間の姿を象《かたど》った漢字のハングル発音だ。「堂」は立派な建物、あるいは神仏を祀る建物を象形化した文字である。

日本の漢文学の最後の碩学《せきがく》と称された白川静《しずか》氏によれば、「堂」という文字の上部は神を迎える窓を示し、そこにかすかに神の気配が現れることを表しているという。下の「土」は、神仏に祈禱を捧げる際に供物を置く壇を形象化したものだとされる。

鮮やかな衣装を身にまとって、刀や巨大な扇子《せんす》、赤・黄・青の原色のリボンを手にして、激しくぴょんぴょん跳びはねたり、鋭い押し切りの刃物の上や、燃える黒炭の上を歩いたり、奇声を発したりする。こうしたムーダンの姿は、韓国映画やドラマだけの演出ではなく、韓国人の日常生活に深く根付いている光景でもある。

韓国人は何か困ったことに直面すると、ムーダンに儀式を頼み、巫俗《ふぞく》人（占い師）を訪ねて占ってもらう。

日本でも神社でおみくじを引いて運勢を見る人はいるが、「大吉」や「凶」が出たからといって、それが本当に自分の運命を左右すると信じ込む人は少ないのではないか。しかし、ムーダンの儀式によって運勢が変わると信じ込む韓国人は多い。韓国国内には現在80万人のムーダンや巫俗人がいるといい、一部の調査ではその数が200万人を超えるともいわれる。

ムーダンや巫俗人が行う儀式は、韓国では「グッ（굿）」または「グッパン（굿판）」と呼ばれる。儀式の規模や格式、費用によって運勢が変わることも変わらないこともあるという。安価な儀式ほど、当然ながら依頼人の運勢を変える確率は低くなる。

李氏朝鮮末期の王妃、閔妃《ミンピ》（李氏朝鮮第26代王・高宗《コジョン》の妃、後の明成皇后）も、ムーダンに取りつかれた。彼女は病弱な王子の健康を願い、ムーダンの言うままに国庫を浪費した。

国内に飢餓が広がる中、金剛山《クムガンサン》の1万2000の峰に米1俵（約60キロ）、金10両（当時、米1俵は約2両）、木綿1疋《ひき》ずつを供えさせ、脆弱《ぜいじゃく》な国家財政を破綻《はたん》に導いた。

さらに、彼女はムーダンを宮中に招き入れ、「真霊君」という爵号を授与した。「君」という爵位は、本来、王の父や兄弟にのみ与えられるものである。彼女はムーダンに国政への助言を求め、人事や外交を行った。李氏朝鮮没落の一因として、このような巫俗政治を挙げる歴史学者は多い。

こうした歴史的背景を踏まえ、「朴槿恵《パククネ》大統領が宗教家に操られ、官邸でシャーマニズムの儀式を行った」と韓国の左派メディアが執拗に報じたのは、そのような暗い過去を知っているからだ。

閔妃ほどではないが、韓国の人々の間では、いまでも不幸が続いたり、病弱な子供がいたりすると、ムーダンを訪ねて「グッ」を依頼する人が多い。職場での昇進や商売繁盛を祈願するときも「グッ」を行う。新年を迎えたときも、幸運が訪れるようにムーダンに儀式を依頼するのである。

歴代大統領も儀式を依頼

選挙に出馬する人も例外ではない。韓国メディアによれば、大統領選に3度出馬した金《キム》大中《デジュン》氏は、3度目の挑戦の際に先祖の墓を移した。それが功を奏したのか、本当に当選した。

一方、22年の大統領選に出馬した「共に民主党」の李洛淵《イナギョン》氏も先祖の墓を移した（20年5月30日付「中央日報」）が、効果はなかったようで、予備選で李在明《イジェミョン》氏に敗れた。

また、尹錫悦《ユンソンニョル》氏と李在明氏も大統領選に挑戦する前に、密かにシャーマニズムの儀式を行い話題となった。韓国メディアによれば、尹氏夫妻は、生きた牛の皮をはぐ残忍なシャーマニズム儀式に燃灯を贈った疑惑がある。これは20年2月、選挙戦がクライマックスを迎える中で報じられ、これを契機に、韓国の左派メディアは一斉に尹氏夫妻の巫俗人との関係に焦点を当てた批判記事を掲載した。

中には具体的な関係をうかがわせる記事もあった。尹氏の選挙対策委員会ネットワーク本部で活動したとされる巫俗人「コンジン法師」が行った水陸大祭に、尹夫妻が関与したのではないかという疑惑だ（22年2月15日付「中央日報」）。また、大統領選挙のテレビ討論会に登場した尹氏が、左手の平に「王」の字を書いていたことがテレビ画面で映し出されて、大きな話題となった。

さらに、尹氏の夫人である金建希《キムゴニ》氏が有名な占い師と親密な関係にあり、頻繁に会っているとの疑惑も浮上した。彼女は過去に「私の体に神が宿っているわけではないが、普通の占い師より霊験がある」と語ったことがあるとされている。

当然ながら、大統領を目指す李在明氏もシャーマニズムとは無縁ではなかった。大統領選挙が行われる1週間前の22年3月、韓国メディアは、李在明氏がその年の元旦に八公山《パルゴンサン》で大統領当選を祈願する「グッ」を執り行ったと報じた。生贄《いけにえ》として牛2頭と豚15頭が供えられ、「韓国全土から霊験のあるムーダンが集められた」とされる。

「グッ」の儀式では豚の頭を並べ、生きた牛の皮をはがしながらムーダンが舞い、楽師が鋭いラッパの音を鳴らして、太鼓を叩く。熱気に包まれた「グッ」は徐々に盛り上がりを見せ始め、雰囲気が高まると、願いを成就しようとする参加者や見物客も踊り出す。興奮のあまり、泣き叫んだり呪文を唱えながらぐるぐる回ったりする。やがて儀式は「悪霊を追い払う」と称し、正体不明の「存在」に呪いをかける。

生贄の牛や豚の費用は決して安くない。牛2頭、豚15頭となると、かなり高価な儀式となる。「グッ」は金額が張るほど霊験があるとされるため、大統領になろうとする者であれば、王妃ほどではないにしても、金銭を惜しまずにつぎこむ。

特に先祖や神を呼び寄せ、神や先祖に代わって、依頼人にお言葉を告げる降臨神「グッ」の場合、最低金額は1000万ウォンほどかかる。これには祭壇に供える祭物の費用は含まれていない。金額が大きい「グッ」ほど、念願を成就できる確率が高くなるため、政治家たちは選挙に勝つために多額の資金を投じるのだ。

このような「グッ」が、時として大規模な集会やデモへと変質して、政治的な動きを左右する。つまりソウル広場で繰り広げられる弾劾デモは、現代版シャーマニズム儀式と取られると、分かりやすいのではないか。

シャーマニズムを利用する左派勢力

韓国人が政治に熱狂しやすく、デモによって問題を解決しようとする背景には、儀式を行えば願いが叶うというシャーマニズムの意識が背景にあると考えられる。

これらの儀式が、李氏朝鮮から脈々と受け継がれてきた「グッ」と違うのは、そこにカメラやレコーダーを手にもつ記者が加わっていることだろう。すなわち、現代版シャーマニズム儀式ではラッパを鳴らし、太鼓を叩く楽師の役割を果たすのがメディアであるという意味だ。かつては楽師がラッパを鳴らし、太鼓を叩いていたが、現代のシャーマニズム儀式では、メディアがその役割を果たしている。

韓国政治が予測が難しく、不安定で、かつ常に騒々しい理由の一つは、根拠のない希望をムーダンに託し、「儀式を盛り上げるほど、希望が叶う」と勘違いする意識に由来するところが多いのではないか。

韓国の一部の有識者は、韓国こそが成熟した民主主義国家であり、日本は民主主義国家とは言えないと主張する。その理由は、韓国では政権交代が定期的に行われるが、日本は戦後、自民党が長期間、政権を握ってきたからだという。

しかし、国民が興奮状態に陥ると、法律も常識も通用しなくなるのは、韓国の民主主義の特徴である。韓国の日本大使館で公使を務めた兼原信克氏は、「韓国の民主主義はまだ若いからだ」と指摘する。だが、24年12月に尹錫悦大統領が非常戒厳を宣布して以来、続いている韓国の混乱を見る限り、単に民主主義が未熟なのではなく、そもそも民主主義そのものが韓国になじまないからではないか。

巫俗好きなはずなのに、なぜか巫俗やシャーマニズムとの関係を憎悪するのも、また韓国人の特徴だ。「朴槿恵大統領を弾劾しろ」とロウソクを手にソウルの広場に集まった群衆が憎悪したのは、陰湿な宮廷のような「青瓦台」の中でシャーマニズム儀式を行っていたという噂を信じていたからだ。

朴氏を「魔女」として吊るしあげようとした左派勢力が、国民の興奮を煽るために使った手段も、彼女とシャーマニズムとの関係だ。そのときの記憶から抜け出せていない左派勢力は、尹錫悦大統領の弾劾でも同じストーリーをつくり上げようとした。

韓国メディアによると、尹錫悦大統領が非常戒厳を宣布するまでの過程で、前韓国軍情報司令官を退役して巫俗人となったノ・サンウォン氏が関与していたという。同氏は退役後、「占いの家」を運営していたが、捜査当局はこの占いの家から、「戒厳」「国会解散」など戒厳事態との関係が疑われるメモを発見したと報じられている。

左派メディアがこうした確認困難な情報を連日書き立てる目的は、尹氏が非常戒厳を宣布したのはシャーマニズムに惑わされたためだとするストーリーをつくり上げ、大衆の感情を刺激するためだ。

李在明氏とは何者なのか

では、尹錫悦大統領はなぜ、非常戒厳を宣布したのか。尹氏は「破廉恥《はれんち》な従北反国家勢力」を排除するためだったとみられるが、それは李在明氏をはじめとする「共に民主党」所属の国会議員らの跋扈《ばっこ》を抑えることだったのだろう。

いまの韓国政治を理解するには、前科や重大犯罪容疑で裁判を抱える李在明氏が、なぜ30％を超える有権者の支持を得ているのかを知る必要がある。

その理由を探る鍵は、李在明という人物の過去にある。彼の歩みを抜きにして、現在の韓国政治やその実態を正しく捉えることはできないのではないか。

世論調査機関の定期的な調査結果によれば、30％前後の有権者は、どのような理由があろうと李在明氏を支持し続けている。その背後にあるのが、地域住民を食い物にして利益をむさぼる土豪勢力、つまり地域の利権カルテルと、その裏で暗躍する組織暴力団だ。さらに李在明氏を組織ぐるみで支える「東部連合」、すなわち従北反国家勢力である。

ここでいう土豪勢力や地域の利権カルテルとは、李在明氏が市長を務め、その後、知事として君臨した京畿道城南《ソンナム》市を基盤とする不動産開発業者たちのことだ。さらに、そこか

韓国の最大野党「共に民主党」を率いる李在明氏

ら甘い汁を吸っている公務員、ヤクザ、市民団体などもこの勢力に含まれる。

李在明氏とはいったい何者なのだろうか。

これまでの政治人生は、一見すると順風満帆である。ソウル市に近い城南市の市長を2期8年間（10～18年）務め、京畿道知事に就任（18～21年在任）。さらに大統領候補、国会議員、そして最大野党の代表へと、着実に権力の階段を上り詰めた。

しかし不思議なことに、李在明氏には民主党勢力の元祖とされる金大中氏のような「民主化闘士」としての経歴はない。また、文在《ムンジェ》寅《イン》政権に寄生し秘書室長を務めた、従北左派勢力を代表する任鍾晳《イムジョンソク》氏[4]のような学生運動の経歴もない。さらに「タマネギ男」とあだ名のついた元ソウル大教授の曺国《チョグク》氏[5]のように、社会主義運動に関与した過去もない。

そんな李在明氏に対して、「盗みや詐欺を働き、暴力をふるって検挙された『雑犯』と同じ。取るに足りない人物」と非難する人は多い。しかし、「司法部門の判事、検察、国家機関の公務員の多くが李在明氏の顔色を見て行動し、彼に媚《こ》びている」（「国民の力」のスポークスマン。CBSラジオ）のはなぜか。

これは誰もが共通して抱く疑問だ。すでに公職選挙法違反で、一審で有罪判決が出ているにもかかわらず、なぜ巨大野党の代表の座に居座り続け、権力機関を意のままに動かすことができるのか。その秘密は何なのかと。

華麗な政治遍歴とは裏腹に李在明氏には暗い過去が付きまとっている。

韓国政治を40年以上見続けてきた「朝鮮日報」の記者によれば、「李氏はこれまで不動産開発業者と結託して兆単位のお金をつくり、どこかにプールしているという噂が絶えない。その資金を使って支持者を増やし、反対勢力を威嚇《いかく》し、言論人を味方につけている。金で裁判の結果をひっくり返したケースも、確認されただけで2回ある」と話す。

18年6月の地方選挙で、李在明氏は京畿道知事に当選するが、選挙期間中にテレビ討論会で嘘をついたとして訴えられた。この裁判で一審は無罪、二審は有罪、大法院では無罪判決を受けたが、無罪になった理由ははっきりと分かっていない。メディアの報道を総合すると、一審の担当判事と最高裁判事を、巨額な賄賂で買収して無罪を勝ち取ったとされている。

しかし、それだけでは支持率の秘密は説明できない。李在明氏の不動産開発を巡る数千億ウォンに上る背任容疑の捜査が始まって以来、李氏の周辺で7人の死者が出ている。センセーショナルな報道が好きな韓国メディアは、なぜかこれらの事件については積極的に取材、報道しようとしない。

反保守感情が強い城南市

李氏はどのような生い立ちなのか。彼が少年時代を過ごし、弁護士になった後に活動していたのが城南市だ。この地で李氏は8年間、市長を務めた。もともと城南市は京畿道東部にある広州市の所管地域だったが、1973年に独立した市に格上げされた。

城南市の成立過程は、韓国の近代化と深く結びついている。

朴正熙大統領時代（60年代〜70年代）、韓国は飛躍的な経済成長を遂げ、ソウル市の都市化が急速に進んだ。60年代後半まで、ソウル市内には戦前から地方の流民がつくった掘っ建て小屋が多く残っていた。市の中心部も、地方からの出稼ぎ労働者が臨時の住まいとして不法に土地を占拠し、掘っ建て小屋を建てて家族を呼び寄せ、そのまま住み着いた貧民層が多かった。

朴正熙政権は、都心部の不法住宅を取り締まり、貧民を都市外郭に移住させるため、市内の無許可住宅の整理計画を立てた。そしてソウル市周辺地域に集団移住が進められた。

それと同時に住民の掘っ建て小屋を修繕し、地方からの流入者がソウル市に定住できるように支援する方針も取られた（当時これを「良性化」と呼んだ）。

同時に、現在の城南市中央部に位置する中院《チュンウォン》区と、市北部の寿井《スジョン》区には、10万人の貧困層を収容する団地が建設された。この地域は当時、広州郡の管轄だったため、「広州大団地」と呼ばれた。

政府は移住を奨励するため、1世帯あたり20坪の住宅を2000ウォンで分譲し、「返済は3年後からでよい」という政策を打ち出した。また、移転先に工場を建設し、働き口をつくる計画も発表した。

それが話題になると、貧民街の住民たちは次々と城南地域を目指した。しかし、到着してみると、住宅は建設されておらず、政府が割り当てたのは土地のみだった。支給されたのは、各家庭に軍用テント一つだけ。移住者には「衣食住は自力で解決するべきだ」と説明された。

道路や上下水道などの基本インフラも整っていない地域に10万人の貧民が押し寄せたことで、秩序は乱れ、喧嘩や騒動が絶えなかった。そして71年8月、広州大団地で暴動が発生した。

その年の6月、当該地域を管轄下におく京畿道庁は、広州大団地に住み着いた住民に対し、移住時に分譲した土地の代金を納付するように催促する告知を出した。問題は、その代金が当初、政府が約束した2000ウォンの4倍以上にもなっていたことだ。しかも2カ月以内に納付しなければ、6カ月以下の懲役、30万ウォンの罰金を科すという内容だった。

これに住民は激怒した。8月10日、300人あまりが鉄パイプ、シャベルを持って、地域を管轄する城南出張所を襲撃し、鎮圧に駆け付けた警察部隊に向けて石を投げつけ、隊員に殴りかかった。

興奮した住民らは、政府管理事務所、交番、ガソリンスタンド、警察車両などにも火をつけ、無差別の略奪に走った。この暴動で広州大団地は瞬《また》く間に廃墟と化した。

これがきっかけになって地域一帯の開発が行われ、市に格上げされて城南市となる。しかし、ソウルから半ば強制的に追放されて移って来た住民が多かっただけに、都市形成過程から政府への反発感情の強い場所となった。

城南市史によれば、ソウルから移住した住民の中には、ソウルに出稼ぎに行き、都市の底辺で暮らしていた全羅道地域（韓国では「湖南地域」という）出身者が多くいた。

全羅道地域は、保守系政権に対して反抗意識が強い地域だ。朴正熙《パクチョンヒ》政権以降の全斗煥《チョンドファン》、盧泰愚《ノテウ》、金泳三《キムヨンサム》、李明博《イミョンバク》、朴槿恵に至る歴代大統領は、すべて慶尚道地域（韓国では「嶺南地域」という）出身者だ。これらの保守政権下で、湖南地域の人々は「経済開発から取り残され、疎外され、差別を受けた」という被害意識が強い。いまなお、いかなる理由があっても保守政権、保守政党を支持しない。そのような独特な感情が城南市にも根強い。

知られざる李氏の出自

李在明氏一家が、慶尚北道（嶺南）安東《アンドン》郡から城南市に移り住んだのは、城南地域で広州大団地暴動が起きてから間もない時期の76年頃とされる。李氏の自叙伝とも言える『李在明の曲がった腕』（李在明口述、ソ・ヘソン記述）で李氏は、「父が先に城南に移り、その後をわれわれ一家も父を追うように移り住んだ」と回想する。

ただ、自叙伝やその他の関連書物を読んでも、父がなぜ故郷を去ったのかの詳しい理由は見当たらない。李氏によれば、「父は空軍に服務してから、夜間大学の青邱大学（現在の嶺南大学）に通ったが中退し、その後、一時教師を務めた後、故郷の安東に戻り、野良仕事に従事しながら、村長のような仕事もした」という。「父は、田舎ではちょっとした知識人だったので、農事のかたわら村人の戸籍申告の代理をしたり、名前を付けてやったりと面倒見がよく、尊敬される存在だった」。その父が、ある日の夜、忽然《こつぜん》と村から姿を消した。

賭博で財産を失い、夜逃げして、城南市に隠れて過ごしたとも言われるが、李在明氏の出身地を訪ねて村人にインタビューした「毎日新聞」論説委員のソ・ミョンス氏によれば、「李在明氏の父は、村の人々が煙草を売ってつくった2年分の代金をそっくり持って、夜半に逃走した」（24年10月7日付「ペン&マイク」）という。その逃避先として城南を選んだのは、秩序が乱れていたこととも関係あったようだ。

こうした報道について、李在明氏はとくに反応を示していない。

父が姿を消してから3年後に一家は、安東から城南に移った。李氏が小学校を卒業した直後だった。自叙伝の中で李氏は「城南に縁故があったわけではなく、何も持てない人たちが住むにはやはり城南が良いと判断したからだ」と理由を説明している。

李氏の戸籍上の誕生日は「1964年12月22日生まれ」[6]となっている。しかしホームページでは「1963年12月8日」と掲示している（ちなみに文在寅大統領も、中学校時代の証明書に記載された誕生日と自叙伝で綴った年齢と、公の戸籍上の誕生日は異なる。1年から2年の誤差がある。また法相を務めた曺国《チョグク》氏も本当の誕生日は不明である）。

小学校を卒業した直後に城南に移り住んだ李在明少年は、中学校に進学せず（できず？）、市内にあるサンデウォン工業団地の中にある工場で少年工として働いた。中学校に進学できなかったのは父が許さなかったからというが、本当の理由は分からない。当時の韓国では特別な理由もなく少年工を雇う工場は珍しかった。このため李氏が働いたとする工場は、少年院の少年らを教育するために働かせる施設ではなかったかと指摘する報道もある。

しかしなぜか、大統領候補にもなっている李氏のこのような経歴に、韓国メディアの関心は薄い。

この時期、李少年は工場を転々としながらさまざまな仕事を経験した。グローブをつくるプレス機に腕が挟まる事故に遭い、いまでも左腕は少し曲がったままだ。この事故で障害者6級判定を受け、軍服役を免除された。その後、独学で高校卒業検定試験を通過し、82年にソウルの中央大学に入学。4年後に司法試験に合格し弁護士となった。

この李氏の生い立ちを、韓国では伝説のように語られ、李氏が少年工時代に書いていたとされる日記（当時つけたのではなく、後に捏造《ねつぞう》した疑いがあると言われる）は、韓国青少年向けの教材にもなっている。

暴力団組織との癒着

李氏に関するメディア報道、書籍を綿密に検討すると、曖昧《あいまい》な部分が多く、相互に矛盾する事実関係も散見される。少年工時代につけたという日記を読んでいても、不自然な記述が多くあり、自叙伝も不都合な部分が省略され、感動を呼び起こしそうな部分を脚色していることに気づく。

それはともかく、城南市という都市の物語とともに、李氏はその経歴を武器に、市民活動家から、市長、知事、最大野党の代表、そして大統領選へと進んだ。その出世の基盤になったのが、李氏と城南市の土豪勢力との癒着によって生み出された利益構造だった。

現在、李氏にかけられている12の容疑の中で、お金に絡む容疑はすべて城南市を舞台にしている。例えば大庄洞《デジャンドン》住宅団地の開発過程で、特定の民間業者に7886億ウォンの不当な利益を取得させる一方、城南市には4995億ウォンの損害を与えたとされる。

また城南市傘下のウェレー新都市開発事業では、市長という職務上、知り得た秘密を特定の民間事業者に流し、施工業者の選定で211億ウォンの不当利益を取得させた容疑がある。

さらに市長在任中、サッカーチーム「城南FC」を設立し、市管轄下の企業に後援金名目で133億ウォンを拠出させた容疑もある。これらの事案はすべて地域の企業との癒着によって形成された利権カルテルに基づく犯罪だ。

地域の不動産開発業者や一般企業を使って生み出された巨額の資金がどこにプールされ、いつ、どのような目的で使用されたのかは謎に包まれたままだ。しかも、これらの案件は氷山の一角に過ぎないと指摘されている。

新都市の形成過程でさまざまな都市開発利権に群がるのは、権力と癒着した不動産業者や一般企業などの土豪勢力も含まれる。城南市の場合、当初、すべての土地は、ギリギリの生活を強いられていた都市貧民たちに、政府の払い下げで分譲したものだった。しかし、建設事業者を名乗る組織暴力団が絡んでいたため、公権力によって確実に守られていたわけではなかった。このような状況下で都市空間に勢力を伸張させたのが、マフィア組織である。

李氏が市長を務めた時代、城南を拠点に急成長したのが、暴力団組織「国際マフィア」だ。城南に都市が形成される過程で、市には「総合市場」派と、「国際マフィア」派の二つの系統の暴力団組織が存在したが、２０００年代に入ってから、「国際マフィア」派が「総合市場」派を抑えて主導権を握った。そして李氏が城南市長に当選した10年ごろからは、地域最大の暴力団組織として成長した。

「国際マフィア」の表向きの顔は賭博サイトなどでつくった資金で設立した株式会社「コマー・トレード」だった。この会社を隠れ蓑《みの》に、城南地域の政官界を相手に無差別なロビー活動を行い、各種利権に絡むことになった。彼らの生殺与奪権を最終的に握る立場にあったのは、言うまでもなく市長の李氏である。

公開された証拠資料

李氏と組織暴力団との関係に関する暴露は、これまで後を絶たない。

21年10月、国会行政安全委員会における京畿道に対する監査で、当時、知事を務めた李氏と暴力団との関係がやり玉に挙がった。当時、野党だった「国民の力」所属の金用判《キムヨンパン》議員は、大統領選挙に立候補した李氏が組織暴力団と深い関係にあるとする証拠資料を提示し、追及した。

金議員が提示した資料は、収監中の「国際マフィア」の組織員から提供されたA4用紙17ページ分量のものだった。金議員は、数日前に水原《スウォン》拘置所に拘束されている「国際マフィア」の行動隊員で、「コマー・トレード」の職員だった朴哲敏《パクチョルミン》氏からの要請で、弁護人と一緒に面会し、組織員の陳述書、事実確認書、公益告発書など資料を受け取ったと説明した。

金議員は、「現在、朴哲敏氏は組織を脱退して、（警察による）組織暴力団員45名の検挙に協力している。朴氏は、告発書の信憑《しんぴょう》性に疑問が持たれないようにと、自分の顔と本名を公開することに同意した」と述べた。

朴氏も、「自らの証言が虚偽であれば、（李在明氏に対する）名誉棄損罪などの処罰を受けるつもりだ」と述べ、直筆の事実確認書や、彼が李氏に渡したとされる現金の束をずらりと並べて撮った証拠写真を提出した。

金議員はこれらの証拠をパワーポイントで公開し、李氏との関係を追及した。事実確認書にはこう記されていた。

「私（朴哲敏氏）は、約12年間、『国際マフィア』の核心メンバーで行動隊長級の役割を担う一人だった。李在明氏と組織との関係は07年以前に遡《さかのぼ》る。『国際マフィア』の先輩たちと李氏は、彼の弁護士時代から癒着関係にあり、組織員たちは李氏に事件を紹介する代わりに、李氏からコミッションを受け取るという共生関係にあった」

李氏は、「コマー・トレード」が、「国際マフィア」派の組織員たちによる賭博サイトの資金をマネーロンダリングするための会社であることを知りながら、（地位を利用して）特恵を与えたと暴露した。

これが事実であったとすれば、李氏は犯罪の共犯者であり、「貧しい人の味方」という自身の人生観そのものを否定することになる。政界に足を踏み入れる前に、李氏は人権弁護士、市民活動家を名乗っていたが、実は暴力団を弁護し、暴力団員が紹介する事件を扱ってきたことを意味するからだ。

李氏は、「国際マフィア」に、城南市のさまざまな公共事業を受注できるよう計らうという条件で、「コマー・トレード」から数十回にわたり20億ウォンに上るお金を受け取ったと暴露された。

その場で金議員の説明を聞いていた李氏は、「私がこんなことをしていたら、とっくに処罰されただろうし、この場にいることもできないでしょう」と、呆《あき》れたとばかりに空笑いをした。そして、現金の写真については、「どこで撮った写真か知らないが、頑張りましたね」などと、朴氏を皮肉った。

暴露は、金議員が示した現金束の写真は信憑性がないと否定されたため、それ以上追及されなかった。現金束の写真は、朴氏が現金貸付やレンタカー事業で稼ぎ、18年11月に自身のフェイスブックに掲載したものであり、もし現金が李氏に渡ったとすれば、時間的に辻褄《つじつま》が合わないというわけだ。

疑惑を報じれば無差別に告発

李氏が政治に入門する前から、同じ地域で弁護士活動をしてきた張永夏《チョンヨンハ》氏は、「李在明だけは大統領になってはならない」として、『クッパイ、李在明』(クッパイはgood-byの意味)を出版し、李氏の各種疑惑を暴露した。

22年、城南市長選挙期間に張弁護士は記者会見を開き、「『共に民主党』の大統領候補であり、京畿道知事だった李在明元市長は組織暴力団と密接な関係にある」と主張し、それを確信する13の理由を挙げた。
①06年、弁護士時代に李氏は「国際マフィア」の弁護を行っていたこと
②城南市長選挙運動当時、組織暴力団員らが李氏と行動を共にしていたこと
③市長在任中、不法賭博サイトやマネーロンダリングを行った「国際マフィア」の偽装会社、「コマー・トレード」を市の優秀中小企業に選定したこと
④「コマー・トレード」を李氏が設立した「城南FC」の後援企業に選定したこと
⑤李氏の随行秘書に暴力団関係者がいること――などだ。

李氏が直接、組織暴力団と関係を結んでいる証拠はまだ確保できていないとしながらも、写真1枚を公開した。暴力団員とみられる人物が市長室を訪れ、市長の椅子に座り足を執務テーブルに乗せた格好で、一緒に撮った写真だ。李氏がその人物の後ろに立って微笑を浮かべ、ピースポーズをとっていた。

民主党は、大統領選挙を控え、李氏の当選を妨害する目的で虚偽の事実を公表して、李代表の名誉を棄損させたとして張氏を検察に告発したが、検察は証拠不十分として不起訴処分にした。

韓国メディアが、なぜこのような疑惑を追及しないのかという筆者の質問に、元「韓国

日報」記者の知人は、「みんな、李在明のことが怖いのですよ」と答えた。李氏の疑惑を報道する者に対しては、李氏本人もそうだが、民主党が無差別に告発する。一旦、裁判になれば「普通の生活が難しくなるから敬遠するのではないか」と話した。

背後に見え隠れする革命組織「RO」

李氏が「大物政治家」に成長するまでには、当然ながら、地方の土豪勢力や組織暴力団の力だけでは無理だ。李氏を支えているのは、左派団体の中でも徹底した北朝鮮との内通関係にあり、国家転覆の内乱を画策する「東部連合」があると指摘する関係者は多い。李氏の背後には、つねに北朝鮮の影が見え隠れしているという意味である。

東部連合は、1980年半ばにつくられた左翼ナショナリズムの傾向を持つ政治集団(「運動圏」と呼ばれる)で「民主主義民族統一全国連合(全国連合)」の地域組織の一つである。この組織は、2013年の朴槿恵政権時代に内乱扇動事件で韓国憲法裁判所から解散命令が出された「統合進歩党」の核心メンバーが主導していた。

全国連合は、韓国社会の根本問題を「南北分断と対米従属」と見なし、反米運動を活動の主眼に置く。そして、在韓米軍の撤収と、北朝鮮との協力による統一の実現を主張して

李在明氏を取り巻く主な疑惑

疑惑	容疑の概要
宅地開発を巡る不正疑惑	城南市の宅地開発事業で、民間業者に巨額の利益を供与し、都市開発公社に損害を与えた疑い
城南FCスポンサー疑惑	市のサッカーチーム「城南FC」に多額の後援金を提供した企業に対し、市の許認可で便宜を図った疑い
大統領選での虚偽発言疑惑	大統領選挙運動中に、疑惑に関連した発言が虚偽だった可能性
弁護士費用肩代わり疑惑	京畿道知事時代に、自身の裁判費用を特定企業に肩代わりさせた疑い
対北朝鮮送金疑惑	対北朝鮮協力事業を名目に北朝鮮への不正な資金送金を支援した疑い
不正採用疑惑	京畿道や関連機関で採用過程に不正があったとされる
不動産取引の不正疑惑	自治体関連の不動産開発事業で、不正な価格操作や便宜供与があったとされる

（韓国メディアや『読売新聞』などを参考に作成）

いた。

電子新聞「トロスガディアン」によれば、東部連合は主体《チュチェ》思想派（金日成《キムイルソン》の主体思想を追従する勢力）の核心勢力だ。大規模な反政府集会を組織して実行し、国家を混乱に陥れることを目標にする。その中の一部は北朝鮮の工作機関と密接な関係を持ち、韓国の民主主義体制の転覆を謀る地下活動を行ってきた。拠点となったのが京畿東部、李在明氏が8年間市長を務めた城南市地域だ。

東部連合は「3年以内に合法政党として国会に進出し、10年以内に大統領を出す」という目標を立てた。実際に彼らは3年後に「民主労働党」を掌握し、12年1月には「国民参与党」「新進歩統合連帯」を結集して「統合進歩党」を創党した。同年4月の総選挙では、国会に6人を進出させ、国会第2の野党勢力に躍り出た。

しかし、14年12月に統合進歩党は、憲法裁判所から違憲政党として解散命令を受けた。統合進歩党の裏の権力者だった李石基《イソッキ》議員（当時）が地下革命組織「RO」をつくり、内乱を画策したという容疑で逮捕されたのがきっかけだった。ROのリーダーである李石基は東部連合の中核メンバーの一人である。

韓国公安当局は13年8月、国会の転覆を画策したとしてROの一斉検挙に乗り出した。公安当局は数年前からRO組織員らが秘密裏に北朝鮮を出入りし、国内でテロを計画している状況をつかんでいた。

韓国検察と国家情報院などの公安当局によれば、李石基をはじめとするRO組織員130人は、ソウル市麻浦《マポ》区内の教育施設に集まり、内乱を謀議した。その際の会議内容を録音したテープを国情院が確保した。

テープの音声記録によれば、李石基は組織員に対し、ソウルおよび京畿道地域にある電信電話局2カ所を攻撃する計画を作成するよう指示を出していた。攻撃対象に選ばれた2カ所は、首都圏のインターネット・ドメインを管理する主要な通信施設だった。

李石基は「1丁の拳銃でも戦う覚悟で活動に臨まなければならない」と語ったが、これは北朝鮮の革命史において「金日成は1丁の拳銃で抗日運動を始め、祖国を解放した」とされる故事を引き合いにしたものである。

さらに、「駐韓米軍基地がある京畿道平澤《ピョンテク》の油流貯蔵庫など基幹施設を攻撃できるよう事前に準備せよ」「私製爆弾をつくれ」と指示していた。また、私製爆弾のつくり方をインターネットで学び、習得するよう命じていたことも判明した。

この事件で、李石基をはじめとする統合進歩党の国会議員3人が逮捕、拘束された。検挙から半年後の14年2月に開かれた一審判決で、李石基は12年の実刑が言い渡された。

裁判所の判決文によれば、RОは韓国を転覆する「暴力革命を目的とする」秘密組織で、金日成の主体思想を組織の指導理念とし、これを伝播《でんぱ》して自主・民主・統一を実現することを目標にしていた。RОは中央委員会の他に、圏域別に五つの組織をつくるなどして「内乱陰謀」を企てたとされ重罪を求刑されたが、最高裁判所では「内乱扇動罪」と認定され、9年の実刑が確定した。

国会に進出した進歩党

統合進歩党の解散時に、憲法裁判所は同党所属議員6人全員の議員職を剝奪《はくだつ》した。しかし、地方議会の議員の職は剝奪しなかった。その残党たちの政党が「進歩党」である。24年4月の総選挙で、進歩党から3人が国会議員に当選した。これは、李在明氏の取り計らいによって可能になったという。同年の総選挙では、国会議席の過半数を占める「共に民主党」が与党「国民の力」の反対を押し切り、単独で「連動型比例代表制（連動型）」を導入することにした。

「連動型」選挙制度は、大雑把《おおざっぱ》に言えば小選挙区では最多得票者が当選するが、比例代表では各党の得票数に基づいて、議席数を配分する。ただし、比例代表の総数は国会議席の6分の1とし、それを得票数で割り当てる。例えば、有権者の3％以上の票を取れば、2議席が割り当てられるが、2％未満では1人も当選しないという仕組みだ。

この制度は、群小政党からも国会に進出しやすくするために導入したものだった。しかし李氏は選挙直前に「共に民主党」のミニ政党として比例政党を設立し、選挙に臨んだ。それに対抗して「国民の力」も別途、比例政党を設立した。本来であれば支持率2％未満の進歩党は、国会進出の見込みはなかったが、李氏は「共に民主党」が設立した比例代表の政党に進歩党を合流させた。そして比例代表の当選圏内である10番以内に、進歩党3人を配置した。

李氏が自ら進歩党を国会に進出させようと決心したのか、あるいは誰かの指図を受けたのかは不明だ。しかし国会議員となったこの3人は、東部連合の中の「主体思想派」であることは広く知られている事実である。

従北団体「東部連合」との関係

李氏と東部連合との関係は1990年代に遡る。人権派弁護士を名乗る李氏が城南市で弁護士事務所を開いたとき、関与した案件には、「龍城総連《ヨンソン》」関連のものが多かった。龍城総連とは、龍仁《ヨンイン》と城南地域にある大学総学生会を指し、親北朝鮮活動に熱心な「主体思想派（金日成主義者）」の学生が多い組織だった。

89年、秘密裏に平壌世界青年学生祝典に参加して、金日成を「アボジ（お父様）」と呼んで注目を浴びた林秀卿《イムスギョン》氏や李石基も、龍城総連の母体である韓国外国語大学龍仁キャンパス出身者だ。この地域には外語大のほか、慶熙大学シンガルキャンパス、明知大学龍仁キャンパス、暻園大学（後の嘉泉大学）、龍仁大専門大学などがある。これらの大学がつくったのが、「韓国大学総学生会連合」傘下にある「京畿東部総連」、すなわち龍城総連だ。

10年、李氏の城南市長当選に貢献したのが、龍城総連出身者や東部連合だったことは言うまでもない。李氏の市長選挙のために東部連合は共同選挙対策委員会を結成して応援し、当選後は市長職引継ぎ委員会を牛耳ることになる。引継ぎ委は「市民が幸せな企画委員会」と名付けられ、委員長には左翼政党「民主労働党」最高委員の李正姫《イジョンヒ》氏が就任。共同幹事には李氏の側近中の側近（最近まで「共に民主党」代表室政務調整室長を務めた）鄭晋相《チョンジンサン》氏、李氏の補佐官を務めた金賢智《キムヒョンジ》氏、東部連合の核心メンバーであり李正姫氏の夫である白承《ペクスン》宇《ウ》氏らが名を連ねた。さらに市民団体「民衆の声」代表である尹源錫《イウォンソク》氏がスポークスマンを務めるなど、多くの東部連合出身者が中心となった。

彼らがなぜ李氏に忠誠を尽くすのか。それは利権カルテルの存在と関係がある。市長に就任した李氏は、引継ぎ委で実務を担当した東部連合関係者の関連団体や企業に公共事業を委託し、利権カルテルをつくり上げた。李氏のもっとも得意とするやり方だ。

その典型が、城南市が環境美化事業を委託した企業「ナヌム（助け合い）環境」だ。同社の経営陣は全員が東部連合出身者で、代表は朝鮮労働党に入党し、韓国内で「民族民主革命党[7]」事件によって逮捕された経歴を持つ。本部長は東部連合の共同議長を歴任し、李石基が設立した政治コンサルティング会社「CNP戦略グループ」の理事でもあった人物が就任した。

このような東部連合との密接な関係は、李氏が「共に民主党」代表になってからも続いた。韓国の民主運動家として知られる張琪杓《チャンギピョ》新文明政策研究院長は22年10月、韓国メディアの取材に対し、「李在明と東部連合との関係は依然、続いている」と述べている。

問題なのは、東部連合が単なる市民団体とは異なり、北朝鮮との深い関係があることだ。張氏によれば、「東部連合の核心勢力は、北朝鮮から直接指令を受けて行動していた『民族民主革命党』出身者で、実質的なボスは李石基だ」という。

李在明氏は、城南市長時代の17年、内乱扇動罪で収監されていた李石基の釈放運動に加わって、「人権が生きる国をつくってくれ」と訴えたことがある。李石基は21年12月に文在寅大統領（当時）の特別恩赦措置で仮釈放された。

尹錫悦大統領が、李在明氏とその支持勢力を「従北左派、反国家勢力」と見なしているのは、彼を支える勢力が東部連合のような親北勢力であり、その中には北朝鮮の指令で動く工作員も含まれていると確信しているからだろう。

尹氏は罠にはまった

尹錫悦大統領は、李在明勢力を撲滅するために、非常戒厳を宣布した。しかし国会が非常戒厳解除を議決すると、素直にその要求を受け入れた。韓国はもとより世界を驚かせた非常戒厳事態はその後、予想外の展開を見せた。

これまで各種の疑惑を追及されてきた李在明氏が、逆に権力の前面に出ることになった。戒厳事態が解消された後、李氏は「われわれは、尹錫悦大統領の内乱罪に対する即刻捜査を貫徹するだろう」と発言し、党員宛てに送ったメッセージでこう呼びかけた。

「昨日夜の尹大統領の非常戒厳宣布は明白な国憲紊乱《びんらん》であり、内乱行為だ。戒厳を解除したとしても、大統領とそれに加担した人たちの罪を隠すことはできない。尹氏はこれ以上、正常な国政運営はできないことが明々白々となった。即時、大統領を辞任せよというのが、国民からの命令である」

李氏が急いで大統領の退陣を迫るのには理由がある。司法リスクを抱えている李氏に残された時間は少ない。現在、李氏は五つの裁判を抱え、公職選挙法違反事件では24年11月15日の一審で懲役1年、執行猶予2年の有罪判決を受けている。

公職選挙法違反事件に関しては、「裁判所は他の裁判に優先して迅速に行わなければならない」と定められ、判決は第一審が6カ月以内、二審と、三審はそれぞれ3カ月以内に出さなければならない。

したがって裁判所が規定通りに審理を進め、公正な判断をするのであれば、李氏に対する二審判決は25年3月、三審は5月にも確定する。最高裁で刑が確定すれば、10年間は被選挙権を失うことになる。仮に無罪になったとしても、他の四つの裁判ですべて無罪を勝ち取るのは困難だ。

特に、民間会社を通じて北朝鮮へ８００万ドルを密かに送金した事件では、李氏が京畿道知事を務めた時期に、李氏の代わりに北朝鮮と接触した京畿道平和副知事（李氏が知事になってから、平和副知事というポストを新設し、抜擢《ばってき》した人物）は、一審で9年6カ月、二審で懲役7年8カ月の実刑判決を受けている。この事件[8]の首謀者とされる李氏が無罪になる可能性は極めて低い。

「国民の力」の権性東《クォンソンドン》院内代表は「李氏に協力した副知事に10年近い実刑が出たのだから、主犯の李氏はそれ以上の刑が出るだろう」（CBSラジオ）と述べ、この事件は「李氏にとって致命傷になる」とも語った。

韓国の現行法では、10億ウォン単位の賄賂を受け取った政治家に対しては、無期懲役の判決が出る可能性が高い。さらに、李氏が民間業者や副知事らと共謀して、北朝鮮に巨額の現金を送金したことは、国連安保理の対北朝鮮制裁決議に違反し、北朝鮮政権やその代理人らと現金取引を禁じる米国政府の独自制裁にも違反する。

　李氏が司法リスクから逃げ切る唯一の手段は、有罪が確定する前に大統領になることである。これまでも裁判を遅らせるために、ハンガーストライキ[9]や、遊説中に「テロ」に遭ったことで時間を稼ぐことに成功してきた。そのような手段で、公職選挙法違反事件の一審判決を2年2カ月も先延ばしにすることができた。

　尹大統領があと6カ月、耐えていれば、李氏は有罪が確定し、永遠に政治の舞台から消え去ったかもしれない。しかし、非常戒厳という手段で李氏を制圧しようとしたのはなぜなのか。元検事で国会議員を20年間務め、政治評論家として活動する朴燦鍾《パクチャンゾン》弁護士は、「政治経験のない検事出身の尹錫悦氏が結局、李在明の罠《わな》にはまってしまった格好だ」と指摘している。

第3章

保守派は復権できるのか

左派の攻撃に屈した尹氏

尹錫悦《ユンソンニョル》大統領がここまで追い詰められた最大の理由は、文在寅《ムンジェイン》元大統領を許し、李在明《イジェミョン》氏、曺国《チョグク》元法相を断罪せず、左派勢力と妥協したからであろう。

尹氏が大統領に就任して1週間ほど経った2022年5月18日、彼は大統領府首席秘書官、政府各部署の長官を伴い、全羅道の光州市を訪問した。光州市は民主党の牙城と言われる地域だ。この日、「国民の力」に所属する議員100人も大統領に同行した。

訪問の目的は、民主化運動の聖地とされる光州市で催された第42回「5・18民主化運動」（韓国では「5・18」という）の記念行事に参加するためだった。韓国メディアによれば、この日、尹氏は演説で大統領選挙中に公約として掲げた「5・18精神を憲法前文に盛り込む」という約束を守ると述べた。

「5・18」は韓国人にとっては踏み絵のような存在だ。保守系の一部では「光州暴動」と呼ぶこともあったが、いまでは法律で禁じられている。中立的と言われた「光州事態」という言葉も禁句になっている。つまり、「5・18」をどう呼ぶかを巡っても、保守勢力と左派との間では、激しい対立があった。

結果として保守系は敗北したといえよう。韓国で民主化は、民主党や左派勢力が血を流して勝ち取ったものであり、保守勢力はそれを鎮圧し、抑圧した勢力であるという図式がつくられてしまった。

文在寅政権時代の20年1月に施行された「5・18真相究明のための特別法および歪曲《わいきょく》処罰法」では、「新聞、雑誌、報道その他出版物または情報通信網を利用して、『5・18民主化運動』に関する虚偽の事実を流布した者は、5年以下の懲役または5000万ウォン以下の罰金刑に処する」と規定されている（第8条）。公開の討論会や懇談会、記者会見、集会、街頭演説での発言にも、この規定が適用されることになった。

韓国で開催されるセミナーなどで、不用意に「5・18」について私見を述べると、処罰される可能性があるのだ。

保守勢力からすれば、尹氏は民主党がつくったそのような「罠《わな》」に自らはまっていくように見えたのではないか。しかし、それでも左派勢力は尹政権の「5・18」に対する姿勢を信じようとしなかった。

韓国・光州市で反政府暴動の参加者に襲いかかる陸軍降下部隊の兵士（1980年5月）

左派メディア「オーマイニュース」は、尹政権が発表した教育課程改訂指針を攻撃した。「5・18民主化運動」という用語を教育指針から削除したと書き立てた（23年1月3日付）。

　文在寅政権時代まで、社会科の学習すべき要素を例示する項目の中に、「李承《イスン》晩《マン》政権と軍部独裁政権の民主主義の蹂躙《じゅうりん》、それに立ち向かって市民が展開した4・19革命、5・18民主化運動、6月民主抗争を把握せよ」という記述があった。しかし、改訂後はそこから「5・18民主化運動」が削除されたことが問題視された。

尹氏が大統領就任早々に、閣僚を連れて光州市を訪問したのは、そのような左派勢力の攻撃に屈したことを意味する。

これまで保守勢力は、選挙の季節になると、「中道（無党派）拡張を図る」として、左派団体にすり寄り、過去を反省し続けてきた。しかしいまだに左派から許されたことはなかった。光州地域の有権者の間で、保守系政党や保守系大統領の支持率は、長年一桁《けた》で推移していることからもそれが分かる。

左派の中核をなす三つのグループ

では、韓国の民主化は本当に左派勢力が成し遂げたものなのか。いまの韓国で左派勢力の中核をなすのは所謂「運動圏」と称する人々だ。彼らは大まかに3種類に分類される。

第1のグループは、主体《チュチェ》思想（金日成《キムイルソン》思想）に傾倒して学生時代から反政府デモを繰り返し、大学卒業後は市民団体に浸透し、反政府闘争を職業とする勢力である。やがて政界に進出し、政治力を持つようになった学生運動家出身者が中心となる。

日本人の多くは、韓国の「進歩」と称する政治家や市民団体の活動家、知識人が、なぜ北朝鮮を擁護し、支持するのか理解できないと言う。その理由は、文在寅氏の言動にヒントがある。

18年2月、平昌《ピョンチャン》五輪開会式当日、竜平リゾートのレセプション会場で文在寅大統領は「私が尊敬する韓国の思想家・申栄福《シンヨンボク》先生は、冬の寒さを隣の人の体温で克服することを『原始的な友情』と表現した」と語った。その場には、北朝鮮から最高人民会議常任委員会委員長や外相を歴任した金永南《キムヨンナム》氏や金正恩《キムジョンウン》の妹の金与正《キムヨジョン》氏もいた。

「文在寅氏は銃殺に値する人間」と発言して物議を醸《かも》した金文洙《キムムンス》雇用労働相は、国会の質疑応答で「文在寅氏が申栄福を尊敬するのであれば、共産主義者と言わざるを得ない」と発言したことがある。

申栄福は、「統一革命党事件（韓国では「統革党事件」と呼ぶ）」の首謀者の一人だ。「統革党事件」とは、北朝鮮から工作資金や機関銃、高射砲などの重火器、レーダーや無線機を韓国に搬入し、有事の際、北朝鮮に協力して韓国を占領することを目的とした地下革命党組織である。

金日成は、1961年の第4回朝鮮労働党全体会議で、「南朝鮮（韓国）で共産主義革命が完成できていないのは、革命を指導する組織がないからだ」と指摘し、韓国に地下革命党の構築を指示し、64年3月、韓国に地下革命党がつくられた。申栄福は4人の創党メンバーの一人だった。彼らが発行した統一革命党機関誌『革命前線』には「党の指導理念は主体思想、究極の目的は韓国に社会主義、共産主義を建設することである」と明記されていた。

統革党事件の主要メンバーは、4回にわたり北朝鮮に密入国して金日成と面談し、密封教育（特殊施設において缶詰状態で教育されること）を受けた。工作活動費として7万米ドルと巨額の円、ウォンなどを受け取った。彼らは、韓国内で、民衆蜂起や工作員と協力してゲリラ戦を通じた首都圏の掌握、北朝鮮軍の韓国への武器搬入拠点の構築、さらに偵察要員など特殊任務遂行要員の抱き込みなど、14項目の工作任務を担って組織を拡大していった。これらメンバーの思想教育、宣伝扇動を担当したのが申栄福である。

韓国中央情報部（ＫＣＩＡ）が統革党関係者の摘発に乗り出したのは68年8月だった。北朝鮮が送り込んだ工作船を拿捕し、船の中から「統革党」に関する資料を押収したことがきっかけとなった。この事件で韓国政府は158人を検挙、73人を検察に送致、申栄福をはじめ23人を起訴した。

裁判では、北朝鮮に密入国して朝鮮労働党に入党した主要メンバー3人に死刑判決が下された。申栄福も死刑判決を受けたが、最終的に無期懲役に減刑された。服役中に「転向書」を書いたため、88年に仮釈放された。しかし、出所10年後に月刊誌『ことば（マル）』とのインタビューで、「転向書を書いたのは事実。しかし、思想を変えたり同志を裏切ったりはしなかった。『統革党』に加担したのは良心の命令に従っただけだ。今後も良心に従い『統革党』に加担したときと同じ考えで活動するだろう」と語った。

その後、申栄福は大学教授となり、作家、書道家としても活動。韓国では左派勢力の精神的指導者として君臨するようになった。

文在寅大統領が、韓国を訪れた金永南氏と金与正氏を大統領府の執務室に招待し、3人そろって撮った記念写真の背後には、申栄福の書道作品が掲げられていた。

申栄福に追従する主な勢力は、文在寅政権時代に大統領府の秘書室長をはじめ、秘書官、行政官など主要ポストを独占した。長年、KCIAの分析官を務めた康仁徳《カンインドク》元統一相は、筆者に「韓国の親北、容北、従北の根は想像以上に深い」と話したことがある。

第2のグループは、社会主義労働運動を通じて「韓国に平等な社会をつくる」と称して、社会労働運動を展開した労働運動家たちだ。その代表的人物が曺国氏や、「共に民主党」の指導部で党最高委員を務める金民錫《キムミンソク》議員だ。

第3のグループは、北朝鮮との連邦統一を主唱する親北団体や市民運動家、さらには北朝鮮工作機関と内通する反国家勢力のメンバーらである。代表的な人物が、内乱扇動の罪で有罪判決を受けた李石基《イソッキ》だ。

いつの間にか、韓国ではこれらの人間たちによって、民主化が実現したというストーリーがつくられてしまったのだ。

民主化は保守勢力が成し遂げた

政治評論家の全元策《チョンウォンチェク》弁護士は、韓国テレビに出演し、「韓国の民主化は本当に『運動圏』の人間が成し遂げたものなのか。韓国が経済的に成功せず、国民所得が増えなかったら、民主化が実現したのか」と問いかけた。「韓国に漢江《ハンガン》の奇跡[10]がなかったなら、民主化もなかった」と断言する。

1960年代の韓国の国民1人あたりの年間所得は100米ドルもなかった。アフリカの最貧国と同じレベルだった韓国を、貧困と飢え、無秩序から救い、「工業国家」を建設したのは、61年5月16日の軍事クーデターで政権を握った朴正煕《パクチョンヒ》元大統領だった。記者出身の政治評論家・趙甲済《チョカプチェ》氏が書いた著名な『朴正煕（全13巻）』（趙甲済ドットコム、2006）には、朴大統領による韓国近代化建設の過程が詳細に記されている。

朴大統領は日本の戦後補償金で、ソウルから釜山《プサン》に通じる「京釜高速道路」の建設を決意した。この近代化路線に反対したのが、韓国民主化の元祖と持てはやされる金大中《キムデジュン》氏だった[11]。

1968年2月22日、国会建設委員会で金大中氏は世界銀行の報告書を根拠に「いま整備が必要なのは、東西を貫通する交通網の整備であり、南北をつなぐ道路建設は優先すべきではない」と主張した。

朝鮮半島の地図を一度でも眺めたことのある人であれば、この主張に疑問を持つはずだ。たとえ東西の道を優先的に整備したとしても、向こうには海しかなく、韓国の発展に寄与するとは言えない。

金大中氏は朴大統領の経済政策に対して憎悪に近い感情を持っていたのだろう。70年5月の臨時国会では「もしも京釜高速道路が5階建ての建物であれば、一気に崩れ落ちるだろう」と発言したこともあった。

しかし、「京釜高速道路」が建設されれば、南には日本、北の向こうには中国がある。道路建設には、国家予算の23・6％に上る430億ウォンを必要とした。当時、国民1人あたりのGNPが100ドルに満たなかった韓国では無謀な決断と見えたかもしれない。また高速道路建設を開始したとき、韓国全体の自動車保有台数は10万台もなかった。

大規模プロジェクトに反対する金大中氏らの野党に、メディアも加勢して、一般大衆も反対デモを繰り返した。メディアは連日、「食べる米も足りない国が高速道路とはおかしい」「国家財政が破綻《はたん》する」と批判を展開した。

しかしながら、後に経済学者たちは、この決断こそが「漢江の奇跡」を成し遂げる基盤となったと評価した。ソウルと釜山が高速道路で結ばれたことで、釜山港を通して日本から資本、技術、人々が大量に流入したからだ。

朴正熙政権で公報秘書官、政務秘書官を歴任し、『崛起――実録・朴正熙経済強国崛起18年（全10巻）』を著した沈融澤《シムヨンテク》氏は生前、筆者に「朴大統領が韓国の民主化を阻害したという人たちがいるが、それは間違いだ。大統領の近代化のプロジェクトが成功しなかったら、韓国の民主化はずっと遅れていただろう」と語った。

沈氏によれば、本当の意味で韓国の民主化に貢献したのは、朴正熙に代表される「デモなどとは無縁の、若いときから真面目に働き、国家建設に汗を流した保守勢力」だという。

なぜ保守勢力は弱体化したか

それを否定する左派学者の中には、「朴正熙でなくても韓国の近代化は必然的に起こったはずだ」と主張する人もいる。こうした、いわゆる「進歩学者」は、経済建設に邁進し、金儲けに没頭してきた「産業勢力」は、親日、反民族、反民主化勢力だと主張する。

その論理を大雑把《おおざっぱ》に言えば次のようなものだ。

1945年、終戦時に日本が朝鮮半島から撤退した際、朝鮮半島に残した財産を親日勢力が引き継いだ。李承晩政権は土地や建物、工場を、日本との結びつきで財をなした商工人、資産家に払い下げ、植民地統治に協力した官僚や知識人をそのまま政府の要所に残した。

これらの人々が、後の「産業勢力」となり、既得権益層となった。すなわち「金持ち、保守勢力＝親日勢力」という構図であり、彼らには「原罪」がある。

親日勢力の代表的な人物が朴正熙である。朴正熙は日本統治下の朝鮮で日本人経営の師範学校に通い、満州軍官学校で学んだ後、日本陸軍士官学校に留学、満州では日本軍のために戦った経歴の持ち主だ。

韓国の保守派は、このような左派の論理に積極的に対抗しようとしなかった。胸を張って「我々が汗を流していまの韓国を繁栄に導いた」と堂々とは言わなかった。いや、言えなかった。「親日」のレッテルを貼られるのが怖かったからだ。

韓国の左派が、北朝鮮を擁護する論理もここにある。北朝鮮は、金日成のような抗日闘争歴のある人々によって建国された。しかし、韓国は日本統治時代に日本人に協力した官僚や学者、商工人を排除せず、親日勢力が中心となってつくられた国だ。このため朝鮮半島の正統性は、北朝鮮にあるというものである。

こうした左派に屈して、選挙のたびに保守系の政治家たちは、まるで「歴史の罪人」の如く、市民団体、民主化勢力に頭を下げて回り、中道派の機嫌を取ろうとした。

韓国では口が裂けても過去に「自分は親日だった」と言う者はいない。日本統治時代に汗を流して働き、工場を経営し、新聞をつくり、知識を学び、技術を身につけ、生計を立ててきたことが、なぜ問題なのかと言わない。統治時代に官僚として、教師として、工場経営者として生きてきたことが、なぜ罪となるのかと言えない。

左派の主張通り、親日勢力が「産業勢力」であり、保守勢力であり、反民主化勢力であったならば、それを恥じることなどない。しかし保守派が「反省」の姿勢を示すような卑《ひ》怯《きょう》な態度が、結果として保守の弱体化につながったのではないか。

朴正熙の娘、朴槿恵《パククネ》大統領も、選挙期間中に故人になった「民主化闘士」金大中氏の夫人を訪れ、父の代わりに謝罪した。彼女が大統領になるためには、父を批判せざるを得なかったのかもしれない。

国家の正統性を問う踏み絵

韓国では、87年に直接選挙による大統領選出が導入されてから、大統領候補者、国会議員、学者など知識層には三つの踏み絵ができてしまった。「5・16」「朴正熙」「北朝鮮」という踏み絵である。

特に、朴正熙が61年5月16日に引き起こしたクーデター（5・16）を「反乱」と見なすか、「革命」と見なすのかは、保守系政治家にとって政治生命に直結する問題であった。

さらに、朴正熙と「5・16」に対する評価は、戦後の自由で繁栄を築いた主力勢力が保守勢力か、民主化勢力かという国家の正統性にも関わる問題で、ひいては韓国人の「アイデンティティ」にも直結する。

では、「5・16」は「軍事革命」だったのか、それとも「軍事反乱」だったのか。そして、朴正熙が大統領になる過程を合法と見るのか、それとも政権を簒奪《さんだつ》して長期執権に固執した独裁者だったのか。

朴正熙が3000人の軍を率いてクーデターを起こしたのは、「4・19革命」から1年が経過した61年5月16日のことだった。

「4・19」とは、60年4月19日に、学生と市民が李承晩政権の不正・腐敗に抗議して立ち上がった市民の「革命」を指す。「4・19」によって、初代大統領の李承晩は権力の座から追われ、ハワイに亡命、韓国大統領としては初めて悲劇の前例をつくった。

事件の発端は、同年3月15日に実施された大統領選挙だ。李承晩大統領の秘書官出身で、李承晩が党首を務める「自由党」を創党した李起鵬《イギブン》を副大統領にするため、政府は投票箱を取り換えるなどの不正選挙を行い、投票結果を操作したのだ。これに反発した学生たちがデモを始め、市民がこれに加わり、全国規模へと拡大した。

「選挙無効!」「選挙のやり直しを!」と叫ぶデモは全国に広がった。驚いた政府は、警察を動員して強引に鎮圧しようとした。その過程で、慶尚南道馬山《マサン》市（現在の昌原《チャンウォン》市）で警察の催涙弾が頭に直撃し、死亡した市民の遺体が、市内の中央埠頭近くの海で発見された。この事件を新聞が書き立てると、デモは一気に過激化した。

4月19日、警察は、大統領官邸を占拠しようとして雪崩のように押し寄せて来る学生や市民に発砲して多くの犠牲者を出した。デモ隊も警察から銃器を奪い、激しい銃撃戦となった。そんな中、李承晩は辞任を発表し、ハワイに亡命、李起鵬副大統領も死亡した。その後、4月27日に過渡期政府が発足した。

朴正煕は国家のために決起した

このような混乱の中で、権力者の庇護《ひご》を受ける組織暴力団が跋扈《ばっこ》し、政治家は党利党略に余念がなく、公務員は腐敗しきっていた。61年の韓国はまさに革命前夜を彷彿《ほうふつ》させるほど秩序は乱れ、法律は形骸化し、国家経済は破綻寸前に瀕していた。

当時、朴正煕と行動を共にした金鐘泌《キムジョンピル》元首相によれば、「朴正煕は周辺の軍人仲間と一緒になると、マッコリを飲んでは、混沌とした世相を嘆き、政府の無能と腐敗を批判していた。公の場でも遠慮なく無責任で貪欲《どんよく》な政治家をこき下ろし、国家を救える唯一の集団は軍人しかないと話していた」という。

建国当初、2万5000人規模でスタートを切った韓国軍は、50年6月に勃発した朝鮮戦争を契機に、一気に約70万人の大軍へと発展した。朝鮮戦争を通じて韓国軍は米国の支援の下で育成され、米国から多くを学ぶ機会を得た。当時の韓国は大学も少なく、外国留学は夢のような話だったが、韓国軍の将校だけは、多くが米国への留学が可能であり、朴正煕もその一人だった。

韓国軍は、外形的には軍隊であったが、当時の韓国社会ではエリート中のエリート集団で、優秀な人材のほとんどは軍に集まっていた。そのため、社会の不条理を目の当たりにした彼らの間に、革命意識が芽生えるのは、ある意味で必然でもあった。

朴正煕は日記にこう記している。

「今日、国家の指導者を自認する政治家たちは、無節操に行動し、貪欲を丸出しにしている。国民は、政府の改革政策に期待し、生活が良くなることを待ち望んでいたが、政治状況はますます混乱し、秩序は乱れ、国民の失望感は日に増して大きくなっている」（朴正煕『私の墓に唾を吐け』第3巻）。

朴正煕は、軍事行動をとる決心をした日の未明、陸軍参謀総長宛てに檄文を送っている。朴正煕自らが起草し、側近の金鐘泌が肉筆で書き写したもので、悲憤慷慨に満ちた内容だった。

「国家の危機を克服するため決起した」と始まる檄文は、いま読めば、2024年12月、尹錫悦大統領が非常戒厳を宣布する前に発表した談話文と、一脈相通ずる部分があることに気づく。尹氏は談話で、「北韓共産勢力の脅威から自由大韓民国を守護し、わが国民の自由と幸福を略奪する破廉恥《はれんち》な従北反国家勢力を撲滅するため非常戒厳を宣布する」と述べた。

朴正煕は檄文でこう記していた。

「国家と民族を救い、明日の繁栄を約束できる方法はただ一つ、この道（革命）しかないという確固たる信念の下、民族的な使命感に駆られ決死の覚悟で（クーデターを）敢行することとした。もし我々が決した方法が祖国と民族への反逆となるのであれば、我々は国民の前に謝罪し、全員自決することを誓う」（筆者所蔵の筆写本から訳出）

陸軍少将だった朴正煕主導の政変は、250人の将校と3500人の兵士によって実行された。1961年5月16日未明、朴正煕率いる戒厳部隊は、何ら抵抗も受けずにソウル市内の政府機関、メディア各社および軍司令部を掌握した。

「5・16」は、政治家と財閥系大企業との癒着による政治腐敗、農村の疲弊、深刻な経済状況を打破する必要性を訴えて、青年将校らが決起した点で日本の「2・26事件」と類似する行動であったと言える。そう考えれば、当時の韓国の雰囲気が理解できるのではないか。

政変に成功した朴正熙は、同日未明、軍事革命委員会の名の下、ラジオを通して「革命公約」を発表した。

その内容は、北朝鮮と国内の反国家勢力の一掃を意味する「反共体制」を再整備、腐敗と旧悪の清算、退廃した国民の道徳と民族精神の復興、飢えと貧困に苦しむ国民生活の立て直し、国家の自主経済再建への総力傾注――など5項目に上った。

無政府状態だった韓国

その後、朴正熙は、無政府状態に陥った韓国社会の秩序を取り戻すため、大がかりな改革、革命を断行した。

前政権下で公務員の庇護を受け、社会の隅々まで蔓延していた組織暴力団員1万3000人以上を一斉に検挙し、政治ヤクザと言われていた悪名高い反社会勢力の頭である李《イ》丁《ジョン》載《ジェ》や、これらの勢力の後ろ盾となっていた内相、警察官を逮捕、拘束した。また、不正腐敗に手を染めた1万7000人に上る公務員を政府機関から追放または逮捕して、裁判にかけた。

このような大規模な反国家勢力の掃討作戦に、国民は拍手喝采を送った。当初、政変を苦々しい気持ちで見つめていた知識人、言論人も「5・16」を支持する声明を相次いで発表した。

「政変は、これまでの放縦、無秩序、便宜主義の古い殻を捨て、一切の旧悪を根こそぎ断ち切り、新しい民族の活路を切り開く契機をつくった」

戦前より韓国社会を観察し、深い愛情を寄せていた英国生まれの学者、フランク・スコフィールド博士[12]は61年6月14日付『コリアン・リパブリック』に「5・16軍事革命は必要不可欠なものであると感じた」と記した。

朴正熙は、政権を奪取して何をしようとしたのか。いや、何をしたか。60年代の韓国は、国民の最低限の衣食住すらも解決できず、ほとんどの国民が満足に食べることもできない状況にあった。朴正熙の革命公約でもっとも重要なものは「飢えに苦しむ国民の生活の解決」であった。

61年3月8日、韓国南部の穀倉地帯とされる全羅南道では、116万4042世帯の農家のうち、20％近い家庭、94万人が飢えに苦しんでいるという調査結果（全羅南道庁）が発表された。新聞は連日「救護を求める農民たちが役所の前に列をつくり、10代の家出が爆発的に増えた」と報じた。

都会も同じ状況にあった。当時の韓国の新聞には、現代版「吸血鬼（バンパイア）」とも呼ばれる「テバン族」（血を売って生計を立てる人たち）が都会をさまよっているという記事が頻繁に掲載された。

ソウルの赤十字病院、ソウル大学付属病院、聖母病院など大病院周辺には、血を売るために集まった人々が溢《あふ》れていた。当時、380ccの血が4000ファン（「ファン」は、お金の単位。米1俵を買える金額）で取引され「競争」が激化した。病院周辺では場所取りをする人が現れて、場所代と称して、血を売ったお金から500〜1000ファンをピンハネしている実態が新聞で報じられた。

朝鮮戦争（50年6月〜53年7月）を経て廃墟と化した韓国は、60年代に入っても立ち直れずにいたのだ。60年代初頭の韓国のGNPは国民1人当たり80米ドルしかなく、アメリカの支援なしには国家の命脈を維持できない状況だった。

その一方で、政治家は腐敗し、公務員は公務よりは私利私欲を満たすために悪を働き、組織暴力団、チンピラが街角の小商人たちを苦しめていた。

絶望と飢餓に苦しむ国民の生活を立て直し、秩序を回復し、民族を復興へ導くという朴正熙の公約に対して、当初、新聞は「国民を欺瞞するための方便に過ぎない」と批判した。

政変後の61年7月27日、日本の内閣府が作成した「韓国経済に関する報告書」では、「韓国の経済成長と自立はほぼ絶望的」と結論づけている。その理由として、人口過剰、資源不足、工業基盤の脆弱《ぜいじゃく》さ、軍備の圧力、政治の未熟さ、行政能力の欠如など、解決が難しい問題が山積しているからだと指摘している。

汚染された民族史に終止符を打つ

62年、朴正熙は『韓民族の針路―社会再建の理念』(ソウル東和新聞社)の中で、こう記している。

「ならば、わが民族の再生の道はないというのか。

壊れかけた民族性を改め、健全な福祉民主国家を樹立する道はないというのか。

嘘をつかず、無事主義(一般国民や公務員に蔓延していた何もしない主義)、安逸主義の生活態度を清算して勤勉な生活人として『人間革命』を興し、社会改革を通して『飢える人のない国』『国民が裕福な国』をつくる道はないのかと、いろいろ考えた。

道は必ずある。悲しみと恨み、苦痛に喘《あえ》いできたわが民族の前には、必ずや再生の道はあるはずだ」

朴正煕が民生問題を解決しようとする強い決意は、政変後に設立された暫定統治機構を「国家再建最高会議」と名付けたことからも明らかである。

63年の夏、その年の10月に予定されていた大統領選挙に立候補するため、軍を退役することに決めた朴正煕は、野戦軍管轄下の芝浦里《チポリ》で行われた「転役式」で、軍将兵を前にこう切りだした。

「私は皆さんと同じく貧しい田舎の家庭に生まれ、軍人になり、わが民族がつくってくれた軍服をまとうこととなりました。その日から私は、自分の命を自分のものと思ったことはありません。これまで私は、軍人としての本分を全うし、軍人として生きる意味を追求してきました。しかし、私は軍人として初志を貫徹できず、革命という険しい道を歩むために軍服を脱がなければならない時点に辿《たど》り着きました」（朴槿恵の伝記を書くため、朴正煕大統領の演説文原文を入手し、筆者が翻訳したもの）

この演説で、朴正煕は自分がなぜクーデターを敢行したかの動機にも触れている。

「そのとき、国政の紊乱《びんらん》は著しく、我々が叫んでいた自由民主主義はただの飾りに過ぎない状況にありました。道義の堕落と社会混乱は極限状態に達し、不正、腐敗、独裁によって民主主義は抜け殻となり、その存立さえ危ぶまれていたのです。

5月革命（クーデター）は政治制度の単なる変革や秩序の整備、新たな階層の形成では決してありません。祖先と先代から、相克と派閥抗争、浪費と混乱、無為と不実の遺産を受け継いだ私たち不運の世代は、汚染された民族史に終止符を打ち、自由と自律によって繁栄の未来、繁栄の祖国を建設しなければなりません。これが、我らの革命の究極的な目標であります」（転役式の演説から）

朴正熙と尹錫悦のリーダーシップの違い

驚くことに、それから61年が経過した2024年12月、韓国の社会状況は、朴正熙が演説で指摘した状態に戻っているような錯覚に陥る。

いまの韓国はまさに「国政の紊乱が著しく、自由民主主義は飾りに過ぎず、道義の堕落と社会の混乱は極限状態に達している」状況にある。

尹錫悦大統領は、非常戒厳を宣布する対国民特別談話で「私は血を吐く心情で国民に訴える。国会（民主党）が判事を脅迫し、検事を弾劾する手段で司法を麻痺させ、これまで

29件の尹政権閣僚の弾劾訴追案を国会で可決し、国政を麻痺させた。さらに麻薬犯罪取り締まりと民生治安維持のための予算を全額削減し、大韓民国を麻薬天国、恐慌状態にした」と語った。

尹氏が非常戒厳を宣布した韓国社会の状況と、朴正熙時代の韓国との違いがあるとすれば、国民1人当たりの収入が増えただけである。

朴正熙のクーデターと、6時間で終わってしまった尹大統領の非常戒厳は、動機においても社会秩序の回復という本質においても類似点はある。しかし、決定的に違っていたのは、尹氏の周辺に「5・16」のときのような強い使命感を持った組織がなかったことだ。つまり、強いリーダーシップの不在だった。

日本統治時代に軍人の道を選び、終戦後は朝鮮戦争中に作戦将校として頭角を現した朴正熙と、大学教授の両親の下で苦労を知らずに育ち、ソウル大学を出てからは検事を27年間務めたのちに大統領になった尹氏とでは、リーダーとしての重みが異なっていたのかもしれない。

尹氏に不満を募らせた保守勢力

朴正煕が韓国の現代史に残した数々の遺産のうち、最大の功績は、韓国を世界最貧国から世界有数の工業国家へと成長させたことではなく、韓国の自由民主主義体制を守り抜いたことかもしれない。

朴正煕の指導の下、韓国では共産主義を排斥、自由民主主義国家の日米と同じ価値観を共有することが国家のアイデンティティとなった。しかし、金大中氏の民主党政権が誕生すると、この価値観に混乱が生じ、文在寅政権を経る中で、従来の保守系の価値観が否定されるようになった。日本の安倍晋三政権が防衛白書に記載されていた「価値観を共有する韓国」という表現から「価値観を共有する」という部分を削除したのは、その変化を反映したものだった。

それにしても、韓国の有権者が検事出身の尹錫悦氏を大統領に選んだ理由は、文在寅氏に代表される従北左派、李在明氏に代表される韓国の暗黒勢力、曺国氏に代表される「江南左派[13]」を撲滅してくれることを期待したからだった。

しかし、その期待に尹氏は応えられなかった。有権者の48・56％の支持を得て大統領に当選した尹氏の支持率が下がり続け、10％台に落ち込んだ理由について、韓国メディアは、経済政策、国民との意思疎通不足を挙げたが、本当の理由は違うところにあった。

大統領に就任直後の1カ月間、尹氏の支持率は53％を記録したが、その後下降を続け、任期半ばに差し掛かった24年11月初めには19％と最低を記録した。KCIAの元分析官・康仁徳氏は、「メディアはその理由は国民世論と乖離《かいり》した政権運営をしたからというが、分かりやすく言えば尹大統領は固執が強すぎるのだ。人の話を聞かない」と指摘する。

「例えば、医科大学の定員増を決めたとき、国民の多くはその決定を支持した。ただ、医療界と政府との対立が極限状態に発展すると、国民は妥協を期待したが、尹氏は聞く耳を持たなかった。また、野党が追及し続けた夫人の疑惑についても、法律的に問題ないとして、謝罪を渋った」と語る。

しかし、これらの「枝葉的な問題」で支持率が下がり続けたとは考えにくい。

尹氏の最大の誤算は、大統領就任から2年6カ月が経過しても、文在寅氏や李在明氏、曺国氏らに対して何の法的措置も取らなかったことだ。保守勢力の尹氏への不満が、失望に変わっていったのである。

文在寅氏は大統領在任中、支持率を維持するために国家統計を操作、選挙にも介入した。

また、命を賭《と》して韓国に逃げて来た脱北青年2人を密かに北朝鮮に送還し、金正恩に国家機密の入ったUSBメモリーを渡したと言われる。夫人も数々の不正に絡んでいる。大統領専用機を使って観光に出かけ、娘に大統領府特別活動費を使わせた容疑もある。それにもかかわらず、退任後は故郷で大豪邸を建てて、「上王」のように振る舞っていることに保守勢力の不満がたまっているのだ。

加えて文在寅政権の法相だった曺国氏は、有罪判決を受けながらも新党を設立し、国会議員となった。疑惑まみれの李在明氏は大きな影響力を保持している。保守系の人々からすると、尹氏はこれらの不正を不問にし、何も行動を起こさなかったと映ったのだろう。

保守勢力は、尹氏に、文在寅氏が大統領就任後に行ったような強硬な対応を期待していたが何もしなかった。文氏は権力を握るとすぐに保守勢力の壊滅を狙い（「民主党」の元代表は「保守系を壊滅させる」と公言した）、朴槿恵政権の閣僚を含む200人以上を拘束・起訴し、1000人に上る保守系人事を捜査対象とし、政府部門、メディア界、学術分野から追放するなど「積弊清算」（それまで積もった不正を撲滅すること）を徹底した。

非常戒厳宣布後に尹氏の支持率が上昇したのは、尹氏がこれらの勢力に対し、反撃を開始したことを確認できたからだろう。

第4章 繰り返される報復

勝つためには手段と方法を選ばない

韓国の歴代大統領が例外なく不幸な結末を迎える理由の一つに、大統領を選ぶ際の基準が資質や政策ではなく、反対勢力を撃破できる能力に重点を置かれる傾向があることが挙げられる。選挙では、ある種の報復心理が働いていると言えるかもしれない。そのため、大統領候補は手段と方法を選ばない。敗北すれば報復を受けるという恐れがあるからだ。

韓国の民主化元年と言われる１９８７年以降、保守系から５人、自称・進歩系（民主党）から３人の大統領が誕生した。金大中《キムデジュン》、盧武鉉《ノムヒョン》、文在寅《ムンジェイン》の大統領を輩出したが、彼らは必ずしも、公正な選挙を通して選ばれたわけではなかった。

韓国の歴代大統領と失脚の理由

李承晩	在任期間：1948～1960年 失脚理由：1960年の四月革命による学生・市民の大規模な抗議運動が発生し、不正選挙が暴露され辞任し亡命。
尹潽善	在任期間：1960～1962年 失脚理由：1961年の朴正熙による軍事クーデターで実権を奪われ辞任。
朴正熙	在任期間：1963～1979年 失脚理由：1979年、KCIAの金載圭により暗殺。
崔圭夏	在任期間：1979～1980年 失脚理由：1980年の全斗煥によるクーデターの影響で辞任。
全斗煥	在任期間：1980～1988年 失脚理由：軍事独裁への反発と民主化運動の高まりで任期満了後に政界引退。収賄罪で逮捕され無期懲役。のち特赦。
盧泰愚	在任期間：1988～1993年 失脚理由：退任後、不正蓄財の罪で逮捕され実刑判決を受けた。のち特赦。
金泳三	在任期間：1993～1998年 失脚理由：1997年のアジア通貨危機で経済破綻の責任を問われ、国民の支持を失い引退。
金大中	在任期間：1998～2003年 失脚理由：直接的な失脚理由はないが、任期末に次男が収賄事件で逮捕され批判を受けた。
盧武鉉	在任期間：2003～2008年 失脚理由：退任後に不正資金疑惑で捜査を受ける中、自殺。
李明博	在任期間：2008～2013年 失脚理由：退任後に収賄罪などで逮捕され実刑判決を受けた。のち特赦。
朴槿恵	在任期間：2013～2017年 失脚理由：友人・崔順実の国政介入スキャンダルが発覚し、2017年に憲法裁判所で弾劾が成立。逮捕され実刑判決を受けた。
文在寅	在任期間：2017～2022年 失脚理由：直接的な失脚理由はないが、収賄容疑が浮上。
尹錫悦	在任期間：2022～ 失脚理由：2024年12月3日、突然の非常戒厳宣布で混乱。弾劾、逮捕された。

1997年12月に実施された第15代大統領選挙では3人が争い、野党の「新政治国民会議」（民主党系）から出馬した金大中氏が40・27％を獲得して大統領に当選した。対する与党「新韓国党」（保守系）からは李会昌《イフェチャン》氏と、与党予備選挙で敗れた李仁済《イインジェ》氏が「国民新党」を創設して出馬し、李会昌氏は38・74％、李仁済氏は19・20％を獲得した。

当時、保守系候補を支持した有権者は58・94％もあったが、保守系から2人の候補が出馬したため、金大中候補が当選する形となった。

しかし、李会昌候補が僅差で敗れたのは、単に保守系が分裂したからではなく、金大中陣営の裏工作があったからだった。

大統領候補になるまで、首相、最高裁判事、監査院長、中央選挙管理委員長、与党代表を歴任した李会昌氏は、清廉潔白を「売り」にしていた。日本統治時代に京城法学専門学校を卒業し、裁判官になった父を持つ李会昌氏は、本人も家族も不正に関わったことがなかった。また「公正で剛直な裁判官」としても有名だった。与党の大統候補に選出された直後、李会昌氏の支持率は50％を超え、当選は確実視された。

野党は得意のネガティブキャンペーンを張った。「李会昌氏の息子が2人とも兵役を逃れた疑惑がある」と、メディアが書き立てた。「息子たちは体重を意図的に落として、不適格判定を受けた」という内容だった。

李会昌氏は、「長男は米国で博士学位を取得するため勉強中でかなり痩《や》せていた。次男は神経性胃腸炎を患っていた」と説明したが、疑惑が浮上した後の8月1日、「ハンギョレ新聞」が実施した世論調査では66・5％の有権者が「兵役忌避は故意または不正」と答えた。そこから李会昌氏の支持率は一気に10ポイントも下がってしまった。

それでも、民主党系が勝つ見込みは薄かった。金大中氏は朴正煕の右腕として長年、大統領を支え、自ら保守系政党「自民連」を創設し党首に就任した金鍾泌《キムジョンピル》氏と手を組んだ。金大中氏は大統領に当選した際、金鍾泌氏が実現しようとしていた議院内閣制を導入し、金鍾泌氏を首相に指名することを約束し、保守系の一部の支持を取り付けた。

つまり、97年の選挙は民主党の勝利ではなく、保守系の敗北だった。実際、当時の有権者の40％は李会昌氏、20％は李仁済氏、10％以上は金鍾泌氏を支持しており、金大中氏を支持した有権者は30％もなかった。

詐欺師が暗躍した大統領選

その5年後、2002年12月に実施した大統領選挙でも、保守系は主流をなし、「ハンナラ党」の李会昌氏の当選が確実視されていた。しかし、「新千年民主党」（金大中氏の「新政治国民会議」を改称）の盧武鉉氏が48・91％で当選。前回に続いて大統領選に臨んだ李会昌氏は46・58％を獲得したものの惜敗した。

　李会昌氏の大学時代の同期で、筆者と親交のあった董勲《トンフン》氏[14]は、選挙当日の朝、筆者に電話をかけてきて、李会昌氏が大統領になれば統一政策を進めると熱く語ったのを鮮明に覚えている。

　この選挙で李会昌氏が敗れた理由も、前回と同じだった。李会昌氏に勝てる見込みがなかった盧武鉉氏は、韓国現代グループ創業者の鄭周永《チョンジュヨン》氏の六男で、国際サッカー連盟（ＦＩＦＡ）副会長、大韓サッカー協会会長、韓国プロサッカー連盟総裁などを務める鄭夢《チョンモン》準《ジュ》氏が大統領選出馬のために創設した「国民統合21」と手を組んだ。

「国民統合21」も保守系に属する政党だったが、選挙後に盧武鉉氏と「共同政府」をつくる約束で、盧武鉉支持に回った。ところが、選挙前日になって鄭夢準氏は「外交政策における意見の違い」を理由に支持を撤回した。それは盧武鉉氏の支持率を上げる逆効果をもたらした。金持ちの鄭夢準氏が庶民的なイメージの強い盧武鉉氏を「裏切った」という印象を与えることで、同情票が集まったのだ。

後になって判明するが、無名だった盧武鉉氏が当選したのは、この鄭夢準氏の「裏切り」に加えて、李会昌氏を陥れるための裏工作が功を奏したからだった。

詐欺師として名を馳せた金大業《キムデオプ》という人物が、李会昌氏の息子の兵役免除に関して、兵務関連副士官（軍人募集業務などに従事）出身の自分を買収しようとしたと暴露した。

選挙戦が本格化していた02年7月、金大業は記者会見を開き、「李会昌氏の息子が兵役を免除されたときの病院記録は偽造されたものだ。それを隠蔽《いんぺい》するために李会昌氏は対策会議を開き、記録を破棄した」と主張した。金大業は、李会昌氏の夫人が息子の兵役免除のために関係者に金品を渡したとする肉声を記録した録音テープも証拠として提示して見せた。メディアはこれを大々的に報じ、李会昌氏の支持率は急落した。

後になって、録音テープがでっち上げであることが判明した（わざと雑音を大きくし、判別を困難にしていた。これについて金大業は「人の多い喫茶店での録音だから」と述べている。また、録音に使用されたカセットテープは、「夫人の肉声を録音した」とされる時点より後に製造された製品であることが判明した）。

金大業は、これまで詐欺などの罪で有罪判決を受けた前科5犯の犯罪者だった。

例えば、小学校時代の同窓生に「私はいま国家情報院で働いている。開発予定地の情報がある」と騙《だま》し、金品を受け取った罪で懲役10カ月の判決を受けたり、知人に「飲酒運転事件をもみ消してあげる」とお金を騙し取ったりしている。また、企業に「公共施設のCCTV交換事業権を取得できる」と偽り、2億5000万ウォンを詐取した罪で服役するなど希代の詐欺師だった。

しかし韓国では時として、そのような前科は問題にならない。詐欺師の金大業が、「今度は本当に大業をなし、正義の味方になった」とばかりに、メディアは争って、金大業の「暴露」をまるで事実であるかのように報じた。

韓国の一般庶民が最も憎悪するのは、権力者や財閥、富裕層が兵役を逃れたり、不動産投機をしたり、不正手段で子供を有名大学に入学させたりする不正である。そのため「民主党」は金大業を利用して、清廉潔白を売りにしている李会昌氏に、「裏で不正を働いている」という濡れ衣を着せるのに成功した。

選挙で盧武鉉氏は、わずか2・3%の差で、李会昌氏を抑え大統領に当選したが、選挙をやり直すわけにはいかない。この場合でも、韓国では「勝てば官軍」だからだ。選挙後に、金大業は「名誉棄損」「公務員資格詐称」「誣告《ぶこく》容疑」などで1年10カ月の有罪に処されたが、それは後の祭りだった。

嘘がまかり通る不条理な社会

韓国政治の不条理の根源には、このようにその場しのぎの嘘がまかり通る現実がある。選挙で勝つため、政敵を倒すためには手段と方法を選ばない。しかも社会は嘘や詐欺に寛容だ。詐欺に鍛えられているからといったほうがいいかもしれない。

李栄薫《イヨンフン》元ソウル大教授は編著『反日種族主義』の中で、「嘘と詐欺が蔓延している中、韓国の社会的信頼度は下がる傾向にある」と嘆いているが、大統領選挙すら詐欺で行われていたからではないか。

李教授によれば「14年だけで、虚偽に基づく告訴、すなわち誣告の件数は、日本の500倍、1人あたりにすれば日本の1250倍。18年の国政監査で明らかになった知的財産に対する政府支援金の33%が詐欺に遭っている」という。

このように詐欺に翻弄された選挙を除けば、韓国歴代大統領選挙では、その時代の国政情勢や韓国の社会状況が有権者の選択に大きな影響を与えてきたことも事実である。

社会主義圏の没落によって国際社会が大転換期に入った時代に、韓国の有権者が大統領に選んだのは、軍人出身の盧泰愚《ノテウ》氏だった。その後、冷戦構造が崩壊し、東西両陣営が厳しい対立から脱却しようとした時代に、韓国国民は北朝鮮に宥和的な金大中氏を大統領に選んだ。

アジア金融危機の影響で韓国が大恐慌に陥り、外患危機[15]から立ち直るべく、経済に明るい財閥企業CEO出身の経済人の李明博《イミョンバク》氏が大統領に選ばれた。朴槿恵《パククネ》氏が大統領に選ばれたのは、経済に重点を置いた李明博時代を経て、左右の理念闘争が下火になり、左右対決に束の間の空白（平和ではない）が生じたからだ。

グローバル化が進む中で、韓国社会の内輪争いは水面下に隠れ、外部世界の目を意識して先進国のスタンダードに合わせようとする努力がなされたからだろう。そんな時代背景の中、アジア初の女性大統領が誕生した。

歴史を逆流させた文在寅氏

それとはまったく関係のないところで、どさくさに紛れ、いびつな形で大統領になったのが文在寅氏だ。文在寅政権下で韓国の歴史は逆流し始め、韓国の司法、軍、政府機関、経済はズタズタにされた。

朝鮮半島情勢に詳しい国際コリア研究所の朴斗鎮《パクトゥジン》所長は「文在寅以前の韓国と文在寅以

降の韓国は完全に異なる国になった」と話す。

朴槿恵弾劾といった混乱に乗じて、左派言論を駆使して韓国国民の抹消神経を刺激し、歪んだ世論をつくり出した。ロウソクを手に広場に集まる大衆を扇動し、クーデターまがいの「ロウソク革命」を通じて大統領に当選した文在寅は、それまでの大統領とはまるで異なるタイプだった。

北朝鮮のために日本を敵に回し、金正恩《キムジョンウン》のために国際社会を欺《あざむ》き、同盟国に平気で嘘をつく人物だったのである。

第1期トランプ政権で大統領補佐官を務めたジョン・ボルトン氏によれば、「文在寅氏は米政府関係者に対し、金正恩は1年以内に（北朝鮮の）非核化をすると約束した」と嘘をついた。トランプ大統領が金正恩に会ったのは、文在寅氏が「金正恩から『非核化の約束』を取り付けた」と嘘をついたからだという。

記者会見でも平気で嘘をついた。金正恩と2度目の会談を行った翌日の18年5月27日、文在寅氏は「金委員長の完全な非核化の意思は確固たるものだ」と発言したが、それは文氏によるつくり話の可能性が高かった。

こんな文在寅氏に対し、北朝鮮の7月20日付「労働新聞」は、「驚愕《きょうがく》を禁じ得ない。文在寅は突然、裁判官にでもなったかのようにふるまっている。恐れもしらず、勝手に口を動かしている」と非難した。このように北朝鮮から叱りつけられても、大統領を退くまで文在寅氏の金正恩に対する一途な姿勢は変わることはなかった。

米国のブルームバーグ通信はこのような文氏の振る舞いを、「金正恩の首席スポークスマンのようだ」と皮肉り、ニューヨークタイムズ紙は、「北朝鮮エージェント（スパイ）」ではないかと書いた。

金正恩に対する卑屈な振る舞いとは裏腹に、文氏は国内では「積弊清算」を掲げて、保守勢力に対する容赦のない報復を行った。この報復も今になって思えば、金正恩の機嫌を取るために行ったのではないか。金正恩の代わりに保守系撲滅に熱心に取り組んだと言っていい。

徹底した保守潰しを敢行

文在寅氏は大統領に当選して1年もたたないうちに、検察を動員して11万8000件を超える捜索・差し押さえ、逮捕令状を発行し、前政権に関連のある人物、事件を捜査した。平均すると650回もの家宅捜索が行われ、携帯電話、タブレットPC、パソコン、銀行口座が押収されて調べられた計算になる。
18年の上半期、韓国検察はサムスングループに対して10回にわたって大がかりな家宅捜索を敢行した。サムスン電子本社を4回、サムスン電子サービスを3回、サムスン経済研究所などの関連会社を無差別に捜索・差し押さえた。そして、サムスングループの事実上の最高経営者の李在鎔《イジェヨン》副会長を、会社合併やグループ後継体制固めのために、朴槿恵大統領と接触したとの容疑で在宅起訴し、裁判にかけた。その後も文政権は、サムスングループへの圧力を強化し、傘下の系列会社を37回、系列会社幹部の住居を13回も家宅捜索し、３００人の幹部や社員を８６０回召喚し、調査した。

韓国『中央日報』によれば、「検察が裁判所に提出した捜査記録は合計で４３７巻、21万４０００ページに上る」と報じられている。21年1月、李在鎔氏は、「朴槿恵国政壟断《ろうだん》事件」関連で、2年6カ月の実刑が確定し、服役した。サムスンに対する捜査だけを見ても、文政権政権の保守系政治家や財閥企業を標的にした調査がいかに厳しく、徹底していたかが分かる。

文在寅氏は在任中に朴槿恵、李明博両元大統領と、保守政権の歴代国家情報院長4人、朴槿恵政権の秘書室長など閣僚級の人物を含む２００人以上を逮捕・拘束し、２０００人以上を調査して、辞任に追い込んだ。加えて文政権に批判的な学者、ジャーナリスト、弁護士、コメンテーターなどが、テレビから姿を消した。

この勢いに鼓舞され、文政権誕生の一等功労者と言われる李海瓚《イヘチャン》元民主党代表は、「国民政府（金大中政権）、参与政府（盧武鉉政権）の10年では民主党政策が根を下ろすことはできなかった。これ以降20年程度の執権計画をつくり、それを実践しなければならない」と発言した。

在任中、文在寅氏は雇用統計、不動産統計を改ざんするなどの手段を使って支持率を維持した。このようなごまかし手法による政権運営の結果、国家負債は雪だるま式に増え、5年間で400兆ウォンに上る負債をつくった。これは韓国が70年間で積み上げた600兆ウォンの負債額の70％に相当する。

大統領任期3年半を超えた20年11月、中道政党「国民の党」の安哲秀《アンチョルス》代表は、文在寅政権を「能力、道徳、恥、未来、責任、国民、民主主義」の無い「七無政権」だと批判した。

著名な政治評論家として知られる高成国《コソングク》博士は「文在寅時代の5年間に韓国は法治、正義、良識、良心すべてを失った」と非難した。

韓国政治を振り返ると、「民主党」から大統領になった金大中、盧武鉉、文在寅ら3氏は、いずれも選挙で国民の過半数の支持を得ていない。偽りと裏工作、与党の分裂に乗じて漁夫の利を得たことが分かる。韓国の戦後歴史は保守本流の歴史だと言って良い。

尹氏は首謀者を放置した

保守本流の勢いが衰え始めたのは、選挙で左派勢力の助けを求め、左派の機嫌を取ろうとした朴槿恵氏からである。その後、文在寅政権を経て、保守勢力は壊滅的な状態に追い込まれた。

文在寅政権の5年間は、露骨な国家破壊、外交破壊、法治破壊が続き、それを制止し断罪してくれると期待して有権者が選んだのが、検察総長出身の尹錫悦氏だった。しかし、保守系の期待に反して、尹氏は、文在寅氏が在任中に犯した反国家的行為に対して無関心を貫いた。

文在寅氏は、弁護士時代の同じ事務所の同僚で「兄貴分」といわれる宋哲鎬《ソンチョルホ》氏を蔚山《ウルサン》市長に当選させるため、大統領府と国家機関を総動員して選挙に介入した。検察の起訴状によれば、選挙に関与したのは、大統領府の人事秘書官室、国政状況室、社会首席秘書官室、均衡発展秘書官室、民情首席秘書官室の秘書官らで、このほか政府省庁も選挙公約の作成などで協力していた。

この選挙介入事件で、検察は事件関連者15人を起訴、実刑を求刑した。一審裁判で3年の実刑判決が出た蔚山市警察庁長は、宋哲鎬氏を当選させるため職権を乱用。保守系候補に対する根も葉もない「事件捜査」を行い、選挙前日には家宅捜索を敢行して、有権者に、保守系候補があたかも不正を働いたかのような印象を与えようとした。二審でも6年の刑を求刑されたが、裁判中に総選挙に出馬して国会議員に当選した後は「正義の味方」を装い、尹錫悦氏弾劾の先頭に立った。

一方、市長に当選した宋哲鎬氏も一審判決で3年の実刑判決を受けたが、まともな法の裁きを受けることなく4年の市長任期を全うし、いまだに街を闊歩《かっぽ》している。

この事件では元民情秘書官、反腐敗秘書官、元蔚山市経済副市長らにも実刑判決が下されたが、首謀者とされる文在寅氏や、選挙介入を指揮する立場にあった曺国氏だけは調査すら受けていない。文在寅氏は、かつて宋哲鎬氏の選挙遊説で「私の夢は、兄貴（宋哲鎬氏）を選挙で当選させることだ」と発言していた。

他にも、北朝鮮から木船で韓国に亡命してきた青年2人を密かに北朝鮮に強制送還した事件や、韓国海洋水産部職員が北朝鮮海岸に漂着して北朝鮮軍に射殺され、遺体を焼かれた「越北事件」（韓国では「西海公務員被殺事件」と呼ぶ）では、救助を試みることなく「北朝鮮に逃げた」と偽って真相を隠そうとした。金正恩との首脳会談で密かにUSBメモリーを渡した事件など、いずれも文在寅氏は召喚すら受けていない。

尹錫悦政権の監査院が「西海公務員被殺事件」に関し、文在寅氏に対し書面調査を求めた際、文氏は「無礼だ！」と一言で撥《は》ねつけたが、それに対して尹錫悦氏は何の反応も示さなかった。

李在明氏や曺国氏に関連する事件でも、尹氏は引いた態度を貫き、李氏は2回も逮捕状が出されながらも無傷で生き残り、曺国氏に至っては、二審判決で実刑が下されたにもかかわらず、新党（祖国革新党）を創設して党首として総選挙に臨み、国会第3党にまで踊り出る事態を放置した。

尹錫悦氏の大統領就任後、支持率は30%前後で低迷したことについて、韓国の世論調査機関や専門家の多くは、「経済対策、外交姿勢、夫人の問題が影響した」と分析したが、本当の理由は、数々の犯罪容疑があるにもかかわらず、文在寅、李在明、曺国各氏を放置したからではないか。

尹氏が非常戒厳を宣布したあと、支持率が急上昇したことからも、その理由が明らかである。韓国国民は、非常戒厳が「反国家勢力の撲滅」を目的としていると分かっていたから、支持に回ったのではないか。

綺麗ごとは通用しない

尹錫悦氏が弾劾され、拘束されたのは、左派勢力を放置し、その撲滅を怠ったつけが回ってきたともいえる。大統領職務が停止状態となり、逮捕、拘束されるまでの間に、直筆で綴ったとされる「国民への手紙」にはこんな一節があった。

「私はこれまで4回職務停止処分を受けました。検事時代に1回、検事総長として2回、大統領になって1回。周辺の人たちは、私が妥協せず、無難な道を選ばないことを『愚かだ』と言いました。このような愚かな選択により、職務停止処分を受け、親しかった人も去っていき孤独を覚えることもありました。しかし時間が経てば誤解も解け、逆に多くの人が応援し、激励してくれます」

ここには「民主党」や李在明氏と妥協せず、戦いに臨んだ結果、弾劾され逮捕されたが、「いつかは自分がなぜこのような選択をしたかという真意を国民が理解してくれるだろう」という期待が込められている。しかし、このような姿勢は韓国の政治には通用しないかもしれない。

尹錫悦氏が大統領出馬を宣言した21年6月に出された伝記『星の瞬間はくるのか―尹錫悦の過去と、現在と未来』（チョン・ジュン著、21年6月、ソウル文化社）によれば、尹氏のそれまでの人生は、「常識と原則を最優先に考え、歩んできた人生だ」と評している。

尹氏は「私はマイペースでいく」「（法律家として）私は人ではなく、常識に忠誠する」と語った。その言葉は彼の人生観を表すものとして、よく引用されてきた。

両親とも大学教授であった尹氏は、すべての面において李在明氏と対照的だった。ソウル大学校の法科大学に通い、司法試験に9回挑戦して合格し、弁護士資格を取得した後、27年間、検事一筋で社会生活を送った。司法試験に8回も落ちたのは、「友達と酒を飲んだり、司法試験と関係のない本に夢中になっていたから」と語っている。また、大学時代から世相に関心が強く、その時代の若者としては「独特な人」と見られたという。学生運動や市民活動などとは無縁の人生を送ったことから、日本人からすると「常識的な人間」かもしれない。

夢は「常識共和国」、すなわち韓国を常識的な国にすることだと前出の本は書いている。しかし、彼の「常識」は、韓国式民主主義には通用しなかったようだ。

善意に解釈すれば、文在寅氏や李在明氏、曺国氏のような人物は、「犯罪容疑が事実であれば法の裁きを受ける」と疑わなかったのかもしれない。あるいは大統領として司法に口を出すまいと原則を貫いたのかもしれない。実際、尹政権では法相が「捜査指揮権（個別案件への捜査指示）は発動しない」と約束していた。

しかし保守勢力にとって、そのような尹氏の姿勢は「裏切り」とも映ったのだろう。尹氏は有権者の50％近い支持を得て大統領になったが、その後、支持者の半分近くが支持を撤回したことがそれを物語っている。綺麗ごとは、韓国では通用しなかった。逆にそれが失敗の元となったのかもしれない。

大統領選から続いた「尹錫悦崩し」

尹錫悦政権は誕生直後から、野党の激しい攻撃と親北朝鮮勢力の裏工作に悩まされた。実際に大統領選期間中から「尹錫悦崩し」は始まっていた。

大統領選挙で李在明氏のアキレス腱となったのは、城南市大庄洞《デジャンドン》不動産開発を巡る業者との癒着関係である。テレビ討論会で李氏は突然、「大庄洞事件は尹錫悦が本丸だ。拘束されるべきは尹錫悦だ」と攻撃した。その背景には「大庄洞不動産開発事業に参入した民間業者が釜山《プサン》貯蓄銀行から不正融資を受け、融資を斡旋した中間業者の捜査を尹氏がもみ消した」という根拠のないうわさがあった。

これに対し尹氏は、「私は城南市長を務めたことも、京畿道知事を務めたこともない。どうして私が本丸なのか」と反論した。徹底的に調べたら、明らかになるはずだという論理だ。

しかし、李在明氏側は架空のインタビュー記事をでっちあげた。大庄洞開発の中核メンバーの一人が、メディア関係者と架空のインタビューを行い、「尹氏は不正業者に調査室でコーヒーを出したことがある」と「証言」させて、尹氏が金融業者と癒着していたストーリーをつくりあげた。

その録音記録は投票3日前の22年3月6日に公開され、李氏は記事をSNSで共有し、400万人に広めた。選挙で李氏は0・73％の小差で尹氏に敗北したが、その後も「尹錫悦崩し」が続いた。

米国市民権をもつ牧師を名乗るチェ・ジェヨンという人物が、尹氏の夫人、金建希《キムゴニ》氏に接近したのは、尹氏が大統領に当選して間もない22年9月のことである。夫人の事務所を訪ねて、日本円で30万円相当の高級バッグを無理やり渡して、その一部始終を隠しカメラで撮影し、その映像を公開した。これは単純に夫人のモラルを問題にするために仕組んだものではなく、意図的な工作だった可能性が高いとされる。

チェは15年頃から平壌に出入りし、北朝鮮の対南工作機関「統一戦線部」の幹部と接触。韓国に戻ると北朝鮮を擁護する活動を繰り返していた。

「北には500を超える家庭教会があり、宗教の自由が保障された国だ」「金正恩氏が後継者になったのは人柄と能力によるものだ」といった発言のほか、「北朝鮮は解放された社会である」とピーアールした著作（『平壌からソウルにカトク（カカオトーク。SNSの一種）を送る』『北を正しく知るための100問100答』）を出版している。その裏では親北市民団体の関係者とも接触していた。

驚くべきことに、チェの隠しカメラと高級バッグは、左派メディアとして知られる「ソウルの声」が用意したものだったが、その背後を追及する報道はなかった。高級バッグ購入費用を「ソウルの声」に提供したのは誰なのかは不明だ。また、なぜ22年9月に撮った映像を1年後の11月に公開したのかについても謎が残る。

チェと共謀した「ソウルの声」は、夫人が高級バッグを使用する映像が出るのを待っていた可能性もある。チェのカトクの書き込みからも、その意図がはっきりと読み取れる。

民主党が、これまで4回にわたり、金建希夫人に対する特別検事法を採択した理由の一つが、この高級バッグ事件だ。

左派寄りの学者や専門家たちには、「24年12月、尹氏が突然、非常戒厳を宣布したのは夫人を窮地から救うためだった」と主張する者もいる。しかし、こうした主張は無意識に、チェと左派メディアが仕組んだ工作に引っかかったか、あるいは意図的な発言である可能性が高い。

左派に牛耳られた韓国メディア

こうした民主党や左派勢力の工作に便乗し、大衆を煽るのが韓国メディアだ。また、韓国には100近い世論調査機関が存在し、定期的に実施する「世論調査」が「民意」をつくる。メディアが煽《あお》り、世論調査機関が「民意」をつくり出して政治を動かすという構図に陥っている。

民主主義の根幹をなす言論の自由が、韓国では「民衆主義」の道具に変質してしまった。メディアは民衆の声を代弁するというより、感情を扇動する怪物と化している。

このようなメディアの暴走は、日本統治時代の報道の伝統とも関係がある。独立運動の道具として使われた「東亜日報」や「朝鮮日報」などのメディアは、事実の報道よりも主義主張を広めることを使命にしていた。

その結果、事実よりは感情を優先する姿勢が定着した。言い換えれば、扇動優先のメディアという意味になる。韓国メディアの歪曲《わいきょく》、捏造報道は今に始まったことではない。民衆が興奮状態に陥ると、メディアも興奮して、さらに大衆を煽りたてるという悪循環に陥っている。

李明博時代の米国産牛肉輸入反対騒動（「米国産牛肉を食べると脳に穴があく」というデマ）、朴槿恵氏の弾劾報道、そして、24年12月に始まった一連の「非常戒厳」報道は、その代表例と言える。

元ＫＢＳ（韓国放送公社）の成昌慶《ソンチャンギョン》氏によれば、「韓国メディアがおかしくなったのは、まじめな記者、編集者が少なくなったのではなく、活動家に掌握されたからだ」と述べる。メディアは左派団体「全国労働組合総連盟（民主労総）」傘下の「全国言論労働組合」に占領されている状態だ。

ソン氏によれば、「ＫＢＳや公営放送のＭＢＣ（文化放送）を含め、大手新聞社やテレビ局など主要メディア１３２に所属する１万４０００人あまりの記者、編集者が『言論労組』

に加入している」。これによって「理念優先」の報道が溢れ出て、世論をつくっているという。

このような言論を監督・制御する装置として設立されたのが、「放送通信委員会」である。同委員会は、放送局免許の更新、公営メディアの理事の人事と社長人事、報道内容のモニタリング、さらにはフェイクニュースや歪曲報道に制裁を加える権限を持つ。

特に影響力の大きい公共放送のKBS、MBC、EBSの報道方針や、社長を決めるのは各局の理事会だが、その理事を推薦、任命するのは「放送通信委員会」だ。このメディアの在り方を左右する委員会が、文在寅政権以来、ずっと左派勢力に占領されているのである。

委員会は5人の委員で構成される。委員長1人と委員1人は大統領が任命し、残り3人は国会の推薦を受けて大統領が任命する仕組みだ。つまり、大統領に人事権がある。大統領の意向で随時、人事が変わることがないように、法律で任期を保障しているが、それでも政権が替われば、委員長自らが辞任するのが慣例である。しかし文在寅氏が任命した委員長は、尹政権発足以降の23年8月まで居座り続け、任期を全うした。

その後、委員会は完全に機能喪失に陥ってしまう。国会議席の過半数を占める民主党が

3人の委員を推薦せず、大統領が任命した人事を弾劾し、職務停止状態に追い込んだ。そして25年1月現在まで委員会は1人しかおらず、正常な業務ができない状態が続いている。当然ながら1人体制では公共放送の理事や社長を任命することができない。

そのため公共放送の理事や社長は、いまも文在寅時代の人事がそのまま残っている。これらの理事や社長たちは、「尹政権が途中で崩壊すれば、現在のポストに居座り続けることも可能」と考え、尹氏弾劾や尹氏打倒に熱を上げている。

尹氏は大統領にはなったものの、「放送通信委員会」の委員長すら任命できない異常状態が続いた。民主党は国会の過半数議席を利用して、放送通信委員会委員長だけでなく、文在寅政権時代の政府運営を監査しようとした監査院長も弾劾し、職務停止に追い込んだ。

その弾劾が妥当かどうかを判断するのは憲法裁判所であるが、現在の憲法裁判所も左派に掌握されている。「李在明民主党の出張所」と揶揄《やゆ》されるほど、李在明と民主党の機嫌とりに走っている。

昨年末、民主党が弾劾したのは大統領の他、大統領権限代行の首相、監査院長、放送通信委員会委員長（任命して2日目に弾劾された）、法相、李氏の関連案件を捜査したソウル地検長たちだ。大統領弾劾案件以外は憲法裁判所が審議を渋り続けているため、職務停止状態になった空席は、新しい人事で埋めることができなくなっている。

　このように手段と方法を選ばずに、尹政府を麻痺状態に追い込もうとする勢力を尹氏は「破廉恥《はれんち》な従北反国家勢力」と言ったのだ。尹氏が「従北」という言葉を使ったのは、韓国で起こるすべての政治闘争に、北朝鮮が絡んでいるからである。

　では、韓国左派勢力が拠り所としている北朝鮮の金正恩政権は現在、どのような状況にあるのだろうか。第2部で見ていきたい。

第2部

自滅に向かう北朝鮮

――先代指導者と決別し、南北統一路線を放棄。ロシア派兵に国運を賭けた金正恩

金正恩《キムジョンウン》が北朝鮮の最高指導者になって13年が経つ。今年1月8日に41歳の誕生日を迎えた金正恩は、ロシアのプーチン大統領、中国の習近平主席と並んで、在任期間の長い独裁者の一人となりつつある。健康上の問題がなければ、今後さらに数十年は北朝鮮を統治する可能性があるのではないか。

北朝鮮という破綻《はたん》状態の国家が、いつまで存続するかを予測するのは難しい。しかし近年、自滅へと向かっている徴候は多くのところで確認できるようになった。迫りつつある危機に焦りを覚えたのだろうか。2023年末以降、金正恩は国家の運命に関わる重要な決定を三つ下した。一つは先代指導者との決別、もう一つは南北統一路線の放棄、そして三つ目がロシアへの派兵である。これらの決定は、よくも悪くも北朝鮮を大きく変えるのではないか。金正恩は大きな賭けに出たのだろう。

○

まず、先代指導者との決別である。金正恩は祖父の金日成《キムイルソン》と、父の金正日《キムジョンイル》の影から抜け

出し、独自の統治基盤をつくろうともがいている。

無名の金正恩が後継者として人民の前に姿を現したとき、人民の多くは死んだ金日成の再臨ではないかと驚き、期待を半分込めて金正恩の一挙手一投足に注目した。金正恩を後継者として登場させる前に、金正日は金日成に似せるため、わざと太らせたという証言もある。

金正恩も、金日成に対する住民の根強い支持に便乗するため、祖父を模倣することに全力を注いだ。ヘアスタイルや歩き方、微笑む表情、ジェスチャーのみならず、金日成が好んで身に着けていた1960年代のデザインを真似た衣装をまとい、麦わら帽子や黒色のハット帽をかぶって登場することが多かった。

しかし、北朝鮮メディアに掲載される金正恩の写真を注意深く観察すると、ファッションや演出に変化が生じていることが分かる。最近では、軍部隊の視察にも革ジャンにサングラス姿で現れる場合が多く、かつての金日成を真似するのではなく、自分自身のスタイルを確立しようとしているように見える。独自のカラーを出す時期に来たと判断したのかもしれない。

金正恩が先代の指導者たちの影から抜け出すため、さまざまな措置を講じていることは至るところで確認できる。金日成を「太陽」と呼ぶことをやめ、金日成の生まれた年を元年とする「主体《チュチェ》年号」を使わないことにした。金日成の誕生日を記念して毎年4月15日に行われていた「太陽節」の記念行事を「四月の名節」に改めた。また祖父が安置されている「錦繍山《クムスサン》太陽宮殿」にもかつてのように頻繁に参拝しなくなった。

これら表面的な変化に加え、金正恩は金日成が創造した「主体思想」に代わり「金正恩革命思想」を新たな統治理念にすえる作業に拍車をかけている。このような「路線変更」は、社会主義国家では危険を伴うものだ。権力闘争を引き起こす可能性があるからだ。もしも金正恩から権力を奪おうとする勢力があるとすれば、こうした路線変更は、「金正恩打倒」の大義名分になることもある。

もう一つが、南北統一路線の放棄である。2023年12月に開催された朝鮮労働党中央委員会全体会議で、金正恩は「大韓民国のやつらとは、いつになっても統一を実現することはできない。北南（北朝鮮と韓国）関係は、もはや同族・同質の関係ではなく、敵対する二つの国の関係、交戦国の関係として完全に固定された」と宣言した。

南北統一は、祖父と父の宿願事業であり、夢であった。それを金正恩は事実上、放棄すると宣言したのだ。この急激な方向転換も重大な危険を伴う。北朝鮮住民のほとんどが統一を望む中で、金正恩だけが統一を放棄する決定を下したからだ。

留学先の北京から韓国に亡命した金日成総合大学の元学生、キム・グムヒョク氏は、「北朝鮮住民の統一への熱望は、韓国のそれとは比較にならないほど高い。95％以上は統一を望んでいるのではないか」と証言している（25年1月27日付「大同江テレビ」）。人民が金一族の下で塗炭《とたん》の苦しみに耐えてきたのも、「いつか統一が実現し、生活が楽になる」という希望を抱いていたからだ。統一放棄はそのような住民の願いと希望を踏みにじる決定と言える。

金正恩は宣伝物に「統一」や「同族」という言葉を使うことを禁じた上、国をあげて教科書や公文書、碑文や碑石、遺跡や記念物からも、これらの単語を消す作業を推し進めている。しかし、住民の心から「統一」を消し去るのは難しいだろう。在日朝鮮人出身の母を持つ金正恩には済州島に親戚がいるとされる。韓国とは同族ではないと主張しても、1000万人ともいわれる南北の離散家族の縁を断ち切ることは難しい。いつかは金正恩にブーメランとなり、反動を引き起こす可能性がある。

そして三つ目が、金正恩が対外的目玉政策として打ち出したロシアへの派兵である。派兵は「正義」のためでも、その代価を得て破綻状態の経済を立て直すためでも、人民の食糧問題を解決するためでもない。金正恩自身の身の安全の保障と現体制の維持が目的である。

25年1月にウクライナ戦場で捕虜になった北朝鮮兵士は、「我々は、どこになぜ送られるのかも知らずに戦場に来た。実戦訓練を行うと称して、戦場に放り出された」と証言している。捕虜になった20代の兵士も「誰と戦うのかさえ知らなかった」と述べている。金正恩は兵士にも、その親たちにも派兵事実を隠したまま、「傭兵」としてロシアに売り飛ばしたことになる。

ニューヨークタイムズ紙によれば、ロシアへの派兵は金正恩の要望によるものだ。金正恩はその代価として何を得ているかに世界の関心が集まるなか、驚いたことに、金正恩が真先にロシアから受け取ったものが、自身の安全を守るための防空網装備だった。

韓国国家安保室（NSC）のシン・ウォンシク室長は24年11月、韓国メディアに「北朝鮮は最近、派兵の代価としてロシアから対空ミサイルとレーダーなど防空網システムを導入した」と明らかにした。シン室長によれば、北朝鮮はロシアの支援で最大射程300キロメートルに達するSA-5地対空ミサイル40基とレーダーを平壌に配置した。軍事専門家によれば、北朝鮮がロシアから導入したとみられる新型防空システムは4億ドルを優に超える。これは1万2000人の北朝鮮傭兵がロシアから受け取ると言われる報酬の2年分に相当する。

さらに金正恩のもう一つの狙いは、朝鮮半島有事の際に、ロシアの自動介入を引き出す法的根拠と、貸しをつくることだ。これは米韓軍事当局の斬首作戦（金正恩除去作戦）や先制攻撃を根本的に防ぐ狙いがあるとみられる。米韓当局や国際社会が北朝鮮へ軍事力を行使しようとしても、ロシアの介入を恐れて躊躇させる状態をつくることを狙ったものだ。

ウクライナ戦場で現代戦を学び、軍事力強化を図るのではないかという見方もある。しかし、ウクライナ情報当局や韓国国家情報院の情報によれば、戦場に投入されて1カ月足らずのうちに、3分の1に相当する4000人の北朝鮮兵が死傷した。このような事実が北朝鮮国内に知れ渡るのも時間の問題だろう。

金正恩が期待しているロシアからの先端軍事技術の導入も、仮にロシアが技術を提供したとしても、北朝鮮の工業水準や産業基盤では活用できるとは思えない。トランプ政権が約束通りウクライナ戦争を終結させれば、金正恩の計算はすべて狂ってしまうだろう。

金正恩のこのような決定が、果たして自滅へと突き進む北朝鮮を救うことができるだろうか。詳細については本稿で確認いただきたい。

第5章
金一家が食いつぶした国家

贅の限りを尽くす金正恩

後継者になって13年の金正恩が自慢できるのは、体重が増えたくらいだろう。他に、やり遂げたことがあるとすれば、「北朝鮮」という巨大な刑務所をつくったことかもしれない。北朝鮮という不思議な国は、巨大な監獄に例えれば分かりやすい。

金正恩は、自ら「120万朝鮮人民軍の最高司令官」を名乗っているが、本当は「刑務所の看守長」が似合う人物だ。トランプ政権で国務長官に就任したマルコ・ルビオ氏は、かつて「金正恩は選挙のある国であるならば、町をうろつく野良犬を捕獲するチームの助手にも選ばれない人間だ」と話したことがある。

金正恩は、飢餓と圧政から逃れようと国を脱出する住民を「射殺せよ」と命令し、中朝国境に鉄条網を張り巡らせて警備を強化した。国境を守る金正恩の部下たちは、これまで賄賂を受け取り、逃亡に目をつぶることもあった。しかし今では処罰を恐れて、容赦せずに逮捕して拷問し、強制労働を強いているという。

国の半分の地域に電気を送る能力もないのに、中朝国境沿いの鉄条網に電気を流し、監視カメラを稼働させ、見張り所を増築している。南は韓国への脱出を阻止するため、軍事境界線沿いに地雷を埋設し、韓国につながる道路を爆破して要所に高い壁をつくった。南北の逃走ルートを封鎖しておいても安心できなかったのだろう。東西の海からの脱出を防ぐため、海に出る漁船には鉄板付着を義務づけ、レーダーで監視を強めている。

住民の反乱や側近の裏切り、外部勢力の圧力、米韓当局がほのめかす斬首作戦がいつ実施されるか分からないと、不安に駆られているからだろう。金正恩は不眠症に悩まされ、孤独と不安から夜は酒を浴びるほど飲んで、泣くことも多いという。

崔鎮旭《チェジンウク》元統一研究院長は、イギリスメディアの取材にこう答えている。「金委員長はお酒を飲んでは夜泣きすると聞いた。彼はとても孤独で圧迫を感じている状態だ」（2023年1月8日付「テレグラフ」）。

金一家の料理人として知られる藤本健二氏は、金正恩の招待で平壌を訪問して帰国した際、筆者に「将軍様（藤本氏の口癖）は一晩でワインを10本以上飲む」[16]と話したことがある。不眠症に暴飲暴食、贅沢《ぜいたく》三昧の暮らしのためか、父から政権を受け継いだときは普通の体だった金正恩は、異常としか思えないほどぶくぶく肥っている。北朝鮮で唯一、腹いっぱい食べて肥り続ける人間なのだ。

そんな金正恩も、39歳の誕生日を迎えた23年1月に、周りにこんなことを口にした。「私には、ずっと二つの願いがある。その一つは一日も早く、わが人民が世界中の何も羨ましがらずに豊かな生活を送り、共産主義の理想郷を見ること。もう一つは睡眠だ」。側近らが、わずかな時間でも休んでほしいと懇願すると、「名節（おそらく自分の誕生日のこと）は、人民たちが休む日だ。党中央（金正恩が自身を指してよく使う言葉）が休んだら我が国の繁栄の夢はいつ実現するのか」と言ったという（1月10日付、党機関紙『労働新聞』「偉大な党が我々を嚮導《きょうどう》する」）。

しかし金正恩が頑張れば頑張るほど、北朝鮮の経済は奈落の底へと落ちていった。

韓国国防研究院（ＫＤＩＡ）が24年4月30日に公開した北朝鮮実態報告書によれば、最近でも、北朝鮮では餓死者が増えている。同年は、それまでの5年間の平均より餓死者が

２倍に増えた。

毎年、国連食糧農業機関（ＦＡＯ）や国際農業開発基金（ＩＦＡＤ）、国連世界食糧計画（ＷＦＰ）など五つの機構が共同で発表する「世界食糧安保と栄養状態報告書」２０２２年版によれば、「北朝鮮人口の41・6％が栄養失調に苦しんでいる」と記されている。さらに、１２０万人と言われる朝鮮人民軍の４割以上が慢性的な栄養失調状態にあるという。

一方で、金一家は年間、贅沢品輸入に２億ドルを費やしているとされる。金正恩が所有するイギリスのプリンセス社が製造した95ＭＹモデルのヨット１隻の価格はおよそ１０００万ドル。確認されただけでも一家は豪華のヨットを４隻保有している。

金正恩がヨット購入に費やした金額は、北朝鮮にいる推定13万４０００人の北朝鮮の結核患者（世界保健機関＝ＷＨＯ調査）が必要とする治療薬1年分を調達できる金額だ。

かつて金正恩一族の秘密資金を管理する部署「39号室」で主要責任者を務め、その後、米国へ亡命した李正浩《リジョンホ》氏は、外車マニアの金正恩の車庫には「ベンツ、フェラーリ、ポルシェ、レクサスなどの高級車２００台以上が保管されていた」と証言している。破綻《はたん》状態の会社のどら息子に似ていると言えばよいだろうか、金正恩は、自国の経済がどうなろうと関心がないようだ。１発１０００万ドルを超える大陸間弾道ミサイル（ＩＣＢＭ）、５０

0万ドルもする短距離弾道ミサイル（SRBM）を花火のように次々と発射する。弾道ミサイルの打ち上げに娘を連れて歩くのは、「高価な花火」を見せるためかもしれない。

北朝鮮は22年にICBMを8発、SRBMを43発発射した。これに費やした金額は5億3000万ドルを超える。これは北朝鮮の2400万人の住民が46日分の食糧を確保できる金額に相当する。しかし、それを制止できる人物は、北朝鮮はおろか地球上にもいそうにない。アメリカさえ手に負えない状況だ。

トランプ大統領はどうするつもりか

1期目のトランプ政権は、金正恩を抑え込むために脅しをかけたり、懐柔を試みたり、直接会談して説得を試みたりしたが、成果はなかった。2期目のトランプ氏が、金正恩とどう付き合うつもりかは、まだはっきりしない。

かつて、ジョージ・W・ブッシュ米大統領は、北朝鮮の指導者を「ディナーの席で駄々をこねる躾《しつけ》の悪い子ども」と表現したことがあるが、トランプ政権4年間で何らかの決着をつけるかもしれない。

25年1月20日、大統領就任式の後にホワイトハウスの執務室で行われた大統領令（行政命令）署名式の途中、トランプ氏は取材陣から「オバマ大統領は北朝鮮が最大の安全保障上の脅威だとあなたに伝えた。バイデン大統領は安保上の脅威として何を挙げたのか」と質問された。それに対して、トランプ氏は「当時、北朝鮮は途方もない脅威と見なされていた。今やあの国は核保有国だ（Now, he is a nuclear power.）」と述べた。そして「しかし、私たちはうまくやってきた。私が戻ってきたことを彼も歓迎するだろう」と付け加えた。

金正恩の核を取り上げるつもりはなく、放っておくつもりであるとも解釈できるが、本音ではないだろう。かつてトランプ氏は、北朝鮮について次のように語ったことがある。17年11月、韓国国会での演説で、北朝鮮は「地獄だ」と断じた。「北朝鮮はあなた（金正恩）の祖父が思い描いた楽園ではない。誰もが経験するいわれのない地獄だ」。

さらに演説で、北朝鮮の住民が置かれた過酷な状況についても触れた。

「北朝鮮の労働者は耐え難い状況の下で、ほとんど無給で苛酷な長時間労働を強いられている。最近では、すべての労働者に70日連続勤務を命じ、その代わり休日を取るためには金銭を支払うよう強制した」

「水道設備のない家で暮らす家族も多く、電気が通じている家は全体の半数以下だ。親たちは子どもを強制労働から免除してもらうために教師に賄賂を贈る。1990年代には、

100万人以上が飢餓で死亡しており、さらに多くの人が今日も飢えで死んでいる」（17年11月8日の演説文より抜粋）。

この演説からも、トランプ氏が北朝鮮の本質も現状もよく理解していることは明らかである。それでも彼が金正恩を許容するのはなぜなのか。

駐イタリア北朝鮮大使館の代理大使を務め、22年に韓国へ亡命した趙成吉《チョソンギル》氏は、筆者の取材に対し、「金正恩が好き勝手にやっているのには、理由がある。いくら悪いことをしても米国は北韓を先制攻撃することはないし、いくら好き勝手に振る舞っていても中国が北朝鮮を見捨てることはないという自信があるのだ。北朝鮮が最も恐れているのはトランプでも、韓国大統領でもない。住民が韓国は北朝鮮よりはるかに豊かだという真実を知ることだ。韓国の実像が少しずつ北朝鮮に伝わっており、韓国に憧れをもつものが増えている」と答えたことがある。

米国政府の真意は、善意の解釈をすれば、自らがイラクのように武力で体制崩壊させるのではなく、内部で自発的な変化が起こることを待ち、あるいはそれを誘導することにあるのではないか。そして北朝鮮に、そのような変化の兆しが見え始めている。

金正恩への忠誠心はわずか10％

金正恩がいま悩んでいるのは睡眠でもなく、人民生活の改善が一向に進まないということでもない。韓国に憧れを抱く人民の心が、自分からどんどん離れていることであろう。

韓国統一研究院の趙漢凡《チョハンボム》研究員によれば「北朝鮮住民の金正恩に対する忠誠心をパーセンテージで言えば10％程度だろう。金日成は１００％、金正日は50％だったと見ればよい。言い換えれば、金日成時代には体制が崩壊する可能性はまったくなかったが、金正日時代は五分五分、金正恩時代ではかなり危険な状態になったと言える」。

いま金正恩に対するこの10％の忠誠心がなくなれば、北朝鮮体制は瓦解する恐れがあるという意味でもある。北朝鮮が本当に壊れつつあるのか、それとも一部の専門家の言うように、安定化基調に入ったかを知るためには、これまで何が金氏一族の体制を支えてきたのかを振り返る必要がある。

金日成統治下の北朝鮮体制は盤石ともいえた。韓国に亡命した3万５０００人の脱北者の多くは、金日成を非難することはあまりしない。筆者が数年かけて行った面接調査でも、金日成を非難するより、その時代を懐かしむ声が多かった。

金日成には数々の伝説も残る。北朝鮮の小学校から大学まで、必ず学ばなければならない必須科目が「金日成首領様の革命歴史」だ。

「金日成は、抗日闘争を通じて朝鮮半島から日本軍を追い出し、祖国解放戦争（朝鮮戦争の北朝鮮側の呼称）を勝利に導いた百戦百勝の鋼鉄の霊長」という内容である。

北朝鮮の公式記録によれば、金日成はパルチザン部隊を率いて、冬には酷寒と飢えに耐えながら、日本軍と遊撃戦を繰り返した。武器弾薬もないなか、日本軍から武器を奪い、松の実で手榴弾をつくり、追撃をかわすために、カボチャの葉に乗って川を渡り、苦難の行軍によって抗日闘争を勝利に導いたとされている。

そして、祖国解放戦争では、米国をはじめとする国連軍と、傀儡《かいらい》韓国軍の突然の北侵（韓国が先に侵攻を開始したと教える）を撃退、3年間におよぶ戦いの末に戦争に勝利を収め、敵を屈服させたのが金日成将軍とされる。

もちろん、このような記録は事実ではない。筆者が読んだ多くの金日成に関する資料や、金日成と一緒にゲリラ活動をしたとする中国朝鮮族の元パルチザン部隊員の証言を聞く限り、北朝鮮の公式記録はほとんどが捏造《ねつぞう》されている。

24年4月に米国中央情報局（ＣＩＡ）が公開した、国家情報調査集（１９４９年９月作成）

は、金日成についてこう記している。

「一時、満州において山賊（bandit leader）として活動していた、その名前があまり知られていなかった金成柱《キムソンジュ》（金日成の本名）は、1945年10月、ソ連の宣伝によって『優れた朝鮮人愛国者』『民族の英雄』に仕立て上げられ、ソ連によって朝鮮民族の『卓越した指導者』とされた。金日成に関する伝説は、彼ひとりの物語ではなく、複数の金日成のストーリーを盗用したものである」。調査集には、金日成を名乗る6人の人物の写真も添付されていた。

満州や旧ソ連沿海州地域で金日成を名乗っていた人物の中には、日本の陸軍士官学校を卒業し、沿海州と満州、白頭山《ペクトゥサン》で抗日ゲリラ活動をした者もいた。その人物は（ソ連によって）いつのまにか姿を消され、代わりに金成柱が「金日成」を名乗ったとされている。

金成柱は中学校時代に同級生の金を盗んで殺害した後、逃走し、満州各地を転々としていた。ソ連に渡るための費用を工面するため、哈爾浜《ハルピン》で崔《チェ》という姓の男性を殺害したとも記されていた。

なぜ国民は金日成を崇拝したか

金成柱は1930年、18歳のときに中国共産党の指導者の一人である李立三に出会い、中国共産党員になった。翌年10月、名前を金日成に改名したとされる。

調査集によれば、「(45年8月に平壌に進駐したソ連軍が敷いた)軍政は、彼に『金日成』という仮名を付与し、朝鮮全域で伝説的な人物として知られている金日成の名声を利用した」とある。スターリンは、金成柱を金日成として担ぎ出すため、3年間にわたり厳しい訓練を施したとある。

49年9月に作成されたこの資料集には、一部、検証が不十分な事実も散見されるが、似たような記録は、戦前の日本の外交文書からも確認できる。

日本や旧ソ連の文書を総合すると、満州で抗日ゲリラ活動を行った「金日成」を名乗る複数の人物の中には、確かに日本陸軍士官学校を卒業し、日本語、朝鮮語、ロシア語に堪能な金光瑞《キムグァンソ》という人物がいた。この人物にまつわる話をはじめ、30年代に満州で活動した「金日成」に関する英雄譚は、誇張し脚色されて民間に広まっていた。これらすべての伝説が、金成柱(後の金日成)の実話に再構成されて、神話化されたのである。

ただし、金成柱が一時期、抗日部隊に属していたのは事実だ。

1912年、平壌の万景台《マンギョンデ》で生まれた金日成（本名・金成柱）は、8歳のときに父に連れられて満州に移り住んだ。現在の中国吉林省で小学校、中学校に通った。しかし中学校を中退したあと、数人の仲間と群れをつくり、金持ちの家を襲撃するなどの無法行為を働いた。満州の東部地域を転々としたあと、東北人民革命軍や東北抗日聯軍の隊員として抗日パルチザン闘争に参加した。40年秋に関東軍が満州の抗日部隊に対する討伐作戦を開始すると、同年暮れに10数人の部下を引き連れて旧ソ連沿海州へ逃亡。その後、45年8月まで、ソ連軍第88独立狙撃旅団の大尉として終戦を迎えた。

金日成が朝鮮に帰還したのは45年9月、ソ連軍が平壌に進駐した後である。つまり、金日成は朝鮮半島から「日本軍を追い出す戦闘」に参加した事実はない。

松の実で武器をつくったとか、縮地法（瞬時に遠くまで移動できる術）を使って同時に数カ所で日本軍と戦ったという話はすべてつくり話である。とはいえ金成柱が一時、抗日ゲリラ活動をしたのは事実だ。

韓国の左派学者には、「金日成の抗日闘争の歴史に誇張はあるかもしれないが、それでも韓国の親日勢力に比べればましだ」「日本と戦ったのは称賛に値する」と主張する者もいる。

北朝鮮住民が金日成を崇拝するもう一つの理由は、朝鮮戦争で米国をはじめとする国連軍を「撃退し、祖国を解放した」と信じている点にある。

金日成時代を知る年配の脱北者の一人は筆者に、「その時代、腹いっぱい食うことはできなくても、餓死することはなかった。平壌の町には、バナナが溢《あふ》れ、魚が腐るほどあったし、電力も北韓が南韓に供給するほどだった」と話した。このような良き時代をつくったのは金日成だと信じている北朝鮮住民は多い。

しかしこれも事実とは異なる。金日成時代から北朝鮮は、外部の支援なしには成り立たない国であった。旧ソ連と中国、東ヨーロッパの社会主義国家からの支援と、在日朝鮮人からの支援があったから成立したのだ。

そのような事実を北朝鮮住民は知らなかった。外見上、70年代後半まで北朝鮮の工業力、軍事力、生活水準は確かに韓国を上回っていた。そのため金日成時代に北朝鮮住民の多くは、心から金日成を崇拝し、体制に忠誠を誓っていたのである。

金正日から没落が始まった

北朝鮮に陰りが出始めたのは、74年に金正日が後継者として正式に指名された時期からだ。

金日成は朝鮮戦争の敗北の責任を逃がれるため、副首相兼外相の朴憲永《パクホニョン》をはじめとする主要幹部を粛清し、戦争で荒廃した国家建設を顧みることなく、武力統一の夢を抱き続けた。武器の生産に全力を注ぎ、重工業政策に反対する延安派（中国共産党出身者たち）、ソ連派（終戦時にソ連から派遣された朝鮮系軍人）、国内派（北朝鮮国内で地下革命を続けたグループ）の幹部たちを処刑、または追放した。そして息子である金正日の専横を許し、後継者に据えたことで、北朝鮮の没落は始まった。

では、金正日はどうか。北朝鮮権力中枢の序列20番にあたる党中央委員会国際部の書記を歴任し、97年韓国に亡命した黄長燁《ファンジャンヨプ》氏は生前、「金正日は高校時代から権力に野心を持ち、指導者ごっこをやっていた」と話したことがある。黄氏が著した『私は歴史の真理を見た』（ソウル、ハンウル出版、99年）によれば、59年1月、父・金日成のモスクワ訪問に同行した際、金正日は指導者のように振る舞った。朝には随行員をホテルの空き地に並ばせて指示を出していた。「そのとき金正日が、いかに権力欲が強いかが分かった。彼が指導者になれば大変なことになると思った」と記している。

黄長燁氏によれば、「後継者として指名されてから、金正日は父の権力を盗み始めた」。金日成に上がってくる報告書を先に検閲し、都合のよい報告書だけを父に上げる一方、父の知らないところで勝手に指示を出すなどして、事実上、最高権力を掌握していった。

現代の北朝鮮のいびつな全体主義体制、権力構造、息が詰まるほど厳しい監視体制は、金正日時代に完成したものである。筆者が著した『金正日秘録』には、金正日がいかにして権力の段階を上り詰め、徹底した監視社会をつくり、国を荒廃させていったかを詳細に記している。

それでも、金正日が死ぬまで権力の座に居座ることができた理由は主に二つあった。まず、金正日時代には、政権に忠誠を誓う仲間がいたこと。次に、金正日の類《たぐい》まれな権謀術数を駆使したことだ。この二つとも、金正恩にはない。

41年生まれ[17]の金正日が、母に連れられ、金日成がゲリラ訓練を受けていたソ連の野営地から北朝鮮へ辿り着いたのは45年の11月だ。そのとき、4歳だった金正日をおぶって一緒に帰ったのは、後に金正日政権で朝鮮人民軍総政治局長となる趙明禄《チョミョンロク》や、金日成の伝令兵出身で、後に護衛総局長になる全文燮《チョンムンソプ》らだ。

ソ連時代に金日成一家と苦楽を共にした仲間の中には、後に金正日の下で朝鮮人民軍武力部長を20年以上も務めた呉振宇《オジヌ》、金日成政権では民族保衛相、金正日時代に党軍事委員会副委員長を歴任した崔賢《チェヒョン》らがいた。彼らは死ぬまで金一家に忠誠を尽くした。

金正恩には心遣いも才能もない

金正日を支えた仲間の多くは、金正日の生母である金正淑《キムジョンスク》が中国満州から平壌に連れ戻した孤児たちだ。彼女は元抗日パルチザン部隊員の子どもを探し出しては息子のように育て、教育を施した。こうして育てられた彼らは、のちに政権中枢の幹部となり、金正日とは本当の兄弟のような絆を結んだ。

北朝鮮の内閣にあたる政務院の総理を歴任した延亨默《ヨンヒョンムク》や、金正日時代に朝鮮労働党作戦部長を務め、金正恩時代に国防副委員長となった呉克烈《オグクヨル》も、金正淑が中国から平壌に連れて来て、主席官邸で金正日と一緒に育てた子どもたちだ。彼らは心から金一家に忠誠を誓い、金正日の護衛武士の役割を買って出たのだ。

金正日は金正恩とは異なり、平壌で一般市民が通う小学校や中学校、高校で学び、大学も金日成総合大学に通った。そのため、金正日には一緒に学んだ同級生もいる。金正日政権の要職に就いた人物の多くは、こうした金正日と人間的な付き合いのある仲間たちだった。

金正日はこれらの人間には、ご褒美を与えることを惜しまなかった。定期的に宴会を開いて、楽団や美女たちを呼びつけ、夜更けまで一緒に飲んで遊んだ。金正日に恩義を感じた幹部たちは、金正日が指さす方向が火の海であろうと飛び込む覚悟ができていた。

後継者になるまで、金正日は叔父の金英柱《キムヨンジュ》（金日成の実弟で党組織部長を歴任）と、異母兄弟の金平一《キムピョンイル》と熾烈な競争を繰り広げた。老幹部たちの支持を取り付けるため並々ならぬ努力を重ねた。金日成の戦友たちや、権力中核にいる老幹部たちの誕生日をすべて覚えていたといわれる。実際には秘書たちが覚えていたのかもしれないが、それでも彼らの誕生日の朝には、例外なく豪華なお土産とお祝いの料理を届けさせた。

おそらく自分も忘れていた誕生日に、将軍様から盛大な食べ物や贈り物が届いた老幹部たちが、いかに感激したか想像に難くない。

ほかにも老幹部たちを感動させるために、彼らをモチーフにした映画をつくった。抗日パルチザン部隊の苦難に満ちた戦いの歴史を映画化したものだ。『北朝鮮の最高機密』（康《カン》明道《ミョンド》著、文芸春秋、95年）によれば、金正日が作った最初のオペラ映画『血の海』が69年12月に上映された際、「2000席規模の平壌の大劇場に集まった金日成、金一、呉振宇、崔庸健《チェヨンゴン》ら革命第一世代は映画を見ながら滂沱《ぼうだ》の涙を流した。困難を乗り越え、青春をささげて戦った頃を生々しく描き出したからだ」という。

映画上映後、金日成が立ち上がり、観客に手を振りながら、映画を製作した息子・金正日に拍手を送ると、会場は興奮に包まれた。その後も金正日は立て続けに映画を製作し、老幹部はもちろんのこと、北朝鮮の一般市民も熱狂した。余談ではあるが、金正日が俳優のキャスティングから音楽まで監督して製作した『花を売る乙女』は中国でも上映され、12億人の中国人民を泣かせた。

映画の成功は、金正日に対するパルチザン世代の信頼を高め、これを契機に第1世代の老幹部たちは、後継者に金日成の弟ではなく金正日を推すようになった。

しかし金正恩には、父・金正日のようなきめ細かい心遣いもなく才能もない。父のように周りに仲間もいない。北朝鮮の一般人と同じ教育を受けたことがないので、一緒に学んだ同級生もいない。

金正日と金正恩は、すべての面において対照的である。貧弱な体格で、人前で話すことを嫌っていた金正日に比べ、金正恩は人の前に立つのが好きなようだ。金正日は最高指導者になってからも、それ以前も、公の場で演説することはほとんどなかった。92年4月に、平壌の金日成広場で催された閲兵式（軍事パレード）で、軍人らに向かって大きな声で「英雄的朝鮮人民軍将兵たちに栄光あれ！」と叫んだことが一度きりである。これに対して金正恩は公の場で演説もするし、笑ったり泣いたりする姿を見せる。

金正日は、生涯を通じて同じデザインの衣装を着ていたが、金正恩はファッションショーのようにさまざまな衣装を着こなす。

金正日が好んで身に着けていたカーキ色のジャンパーは、金正日のトレードマークにもなっていた。低い身長をカバーするためだったというが、逆に自信の表れでもあった。

金正日の後継者地位は、ある意味で彼の努力の賜物であったといえる。しかし、金正日に対する住民の忠誠度が5割程度しかなかったのは、金正日が仲間たちと、権力と財源を独り占めしているうちに、経済を破綻状態に陥らせ、体制を支えていた配給制度が崩壊して、数百万人の餓死者を出したからだ。

ハッタリとごまかしの指導者

このような父の失敗を知っていたからこそ、金正恩は祖父の金日成を真似ることにした。ただし、金正恩には祖父のように天下を取った「神話」もなく、父のようなカリスマもなく、きめ細かい気配りもない。周りに心が通じ合う仲間がいるようにも見えない。金正恩ができるのは実績をつくり、人民の支持を取り付けることだが、経済は一向に良くならない。

父からボロボロの国を受け継いだ金正恩には当初、経済を立て直す意欲はあったのではないか。2012年4月、金日成生誕100周年を祝う記念行事で、初めて公の場で演説した金正恩は、「わが人民は二度と飢えでベルトを締め上げることはないだろう」と約束した。

しかし、その約束から8年が経った20年10月10日、金日成広場で催された「朝鮮労働党創建75周年閲兵式」で、金正恩は「ただの一度も人民の期待に満足に応えることができず、本当に面目ない」と涙をこぼしながら謝った。その場面を見た世界中の専門家たちは、涙が反省の涙だったのか、それとも演出だったのかを巡って頭をひねった。米大統領補佐官だったボルトン氏は「おそらく、ポケットに玉ねぎを入れていたのだろう」とこき下ろした。

その日、北朝鮮官営メディアが撮った写真を見る限り、演出の可能性が高い。金正恩の前に置かれたテーブルに白いハンカチが予《あらかじ》め用意されていたことが確認できたからである。それはともかく金正恩が人民から完全に見放されないためには、まず人民を腹いっぱい食べさせることが必要だ。しかし、13年間の統治を概観すると、金正恩の行動のすべてが演出であったことが分かる。多くがハッタリであり、ごまかしであった。

金正恩が身に着ける衣装を見れば、彼がどのような指導者であるかが分かる。若い女性のように、衣装を頻繁に変えることからも、彼がいかにコンプレックスを抱いているかがうかがえる。戦争経験のない金正恩は祖父を真似して、肩章に元帥マークのついた白色の将軍服を着て写真を撮っている。

金日成に似せるため、意図的に体重まで増やしたと言われるが、やりすぎてしまったせいか、肥りすぎて健康に問題が生じた。それでもなお、歩き方、手の振り方、笑い方まで真似ている。服装に至ってはさらに念を入れ、金日成が１９６０年代に地方視察の際にかぶっていた太陽帽や麦わら帽子をかぶり、襟を大きくした白色のシャツを着て歩いている。

その姿は金日成ではなく、中国の古典『西遊記』に出てくる猪八戒《ちょはっかい》を連想させるという専門家もいる。

金日成の影を消す作業に着手

金正恩も自分が金日成に似てないことを自覚したのだろう。外見だけ金日成を真似るだけでは、住民の忠誠心を引き出すのに限界があることに気づいたようだ。そのため独自路線を打ち出す決意を固めたとみられる。

密かに金日成の影を消す作業に動き始めた。これまで北朝鮮は、1912年4月15日生まれの金日成の誕生日を国家最大の祝日とし、世界各国から芸術家を招いた「四月の芸術祭典」、金日成研究者を招待した「主体思想研究討論会」、忠誠を誓う大規模決議大会や各種展示会、スポーツ大会などを開催した。

金日成が亡くなって3周忌となる97年7月8日には、党中央委員会、軍事委員会、国防委員会、中央人民委員会、政務院（のちに「内閣」に改称）など五つの機関が共同で「金日成同志の革命生涯と不滅の業績を永遠に輝かせることについて」とする決定書を発表し、4月15日を「太陽節」と命名した。

しかし２０２４年４月、金正恩は説明もなく、「太陽節」を「四月の名節」に名称を変え、記念行事の規模を縮小した。24年４月14日付の「労働新聞」は、これまで金日成の生家のある万景台を「太陽の聖地」と呼んでいたが「愛国の聖地、革命の聖地」と表現している。４月17日付の「労働新聞」は、金正恩が朝鮮総連に教育援助金を送ったとするニュースを伝える記事で、金正恩を「主体朝鮮の太陽であり、慈愛なるオボイであられる敬愛する金正恩元帥様」と書いた。「太陽」「オボイ」（父親を意味する尊称）「元帥」の三つの表現は、金日成にしか使われなかった言葉だ。官営メディアのみならず、平壌を映した動画や写真にも「民族の太陽である敬愛する金正恩同志万歳！」という標語が掲げられていることが確認された。

さらに24年10月中旬からは突然、北朝鮮独自の「主体年号」の使用を停止した。北朝鮮では１９９７年９月から、金日成が生まれた年を元年とする「主体年号」を導入した。しかし２０２４年10月13日からは西暦が使われている。

金正恩の思いつきなのか、金正恩に媚《こ》びる側近たちのアイデアなのかは不明だが、金正恩の「焦り」が滲み出ているのは間違いない。金日成という「太陽」崇拝をやめなければ、自分はその影から抜け出せない。人民が金日成を「最高指導者」と慕っていることに我慢できなかったのだろうか。人民に向けて「私こそが太陽だ、私に顔を向けろ」という意図がうかがえる。

脱北者の証言によれば、北朝鮮住民の多くは今でも金日成を「オボイ首領様」と呼び、懐かしさを感じる人が多いという。しかし、金正恩を「オボイ」と思う人はいない。「オボイ」という言葉には、必ず「慈愛なる」という修飾語がつく。金正恩には「慈愛」がない上に、人民の生活にも関心もない。人民が飢えているなかで、核開発やミサイル発射に莫大なお金をつぎ込んでいることに不満が高まっているようだ。北朝鮮住民の間では「食べられるわけでもない核やミサイルに、なぜお金をつかうのか」という疑問の声が増えているという。

「人民大衆第一主義」という統治理念を導入

金正恩の最大の課題は、いかに住民の体制への忠誠心を高めるかという点だ。危機に対応するため、金正恩は「人民大衆第一主義」を統治理念として打ち出した。専門家の間では、これを「金正恩の革命思想」と呼ぶ者もいる。金日成が「主体思想」、金正日が「先軍政治」を統治理念に掲げたのに対し、金正恩は「人民大衆第一主義」を新たな国家運営

北朝鮮の歴代指導者の特徴

金日成（1948～1994）

・主なイデオロギー：主体思想、マルクス・レーニン主義
・政策・統治スタイルの特徴・業績
北朝鮮建国の父として、朝鮮民主主義人民共和国を樹立。

朝鮮戦争を指導。戦後は重工業中心の経済政策を推進。

教育・医療の無償化を実施し、個人崇拝を強化。

国際共産主義運動の中でソ連・中国と調整しつつ独自路線を展開。

金正日（1994～2011）

・主なイデオロギー：先軍政治（軍事第一主義）、主体思想の強化
・政策・統治スタイルの特徴・業績
先軍政治を掲げ、軍事を国家運営の最優先事項とした。

核開発を加速し、2006年に初の核実験を実施。

1990年代後半に深刻な食糧危機に直面。体制維持のため情報統制を徹底。監視体制を強化。

映画や文化をプロパガンダに積極利用し、金正日個人の神格化を推進。

金正恩（2011年～）

・主なイデオロギー：人民大衆第一主義。核武力と経済並進政策（並進路線）
・政策・統治スタイルの特徴・業績
核・ミサイル開発を強化し、米国との交渉を一時的に行い注目を集めた。

ウクライナ戦争に派兵。ロシアとの関係を強化し、軍事・経済協力を模索。

平壌を中心にインフラ整備や高層住宅建設を推進するも、資金不足で多くの事業が停滞。

厳しい統治体制を維持。

の理念に据えようと意図している。これを「思想」と呼んでよいかどうかは微妙だが、北朝鮮ではこれを思想として位置づけ、国家統治の新たな手段としていくつもりのようだ。

金正恩が掲げる「人民重視、人民尊重、人民愛」という原則は、「人民の利益を最優先的に擁護し保障するために、滅私奉公しなければならない」という意味だという。この概念は、中国の司馬遷が著した『史記』に出てくる「以民為天」という言葉に由来する。「神のように人民に仕える」という意味で金日成が好んで用い、執務室にこの四文字が書かれた額を掛けていたともいわれる。

筆者は社会主義中国に生まれ育ち、大学教育を受け、党機関紙の記者を経験した。そのため社会主義国家における「思想教育」の基本理念がいかに重要かを身をもって体験している。

中国が1978年以降、40数年で貧しい発展途上国から世界第2位の経済大国に成長した根本的な理由は、国家の指導理念を「階級闘争[18]」重視の毛沢東思想から実用主義の「四つの近代化」路線に変更したことにある。

毛沢東は「階級闘争を基本に据え、毎年、毎日、絶えず語らねばならない」と述べたが、毛の死後、権力を握った鄧小平は、階級間闘争をやめ「四つの近代化」を掲げ、市場経済を導入した。その基本理念は「先富論」に象徴される。つまり、「先に豊かになれる者から豊かになり、その影響で他が豊かになればよい」という考え方である。

一方、北朝鮮は建国以来、今日まで、ずっと毛沢東の一番暗い時代と言われた「文化大革命」を続けているのだ。金日成は「主体思想」を基本理念とし、これを通じて住民を「奴隷化」した。主体思想とは、人間には肉体的な生命と、社会的生命があり、金日成の思想を魂に吹き込まなければ、ただの肉の塊に過ぎないというものだ。つまり、主体的人間になれないという理論である。

この思想によれば、すべての人間は、金日成から社会的な生命を与えられ、金日成のために生き、金日成のために死ぬのは当然だとされた。いわば金日成時代の北朝鮮は主体思想という宗教の「カルト集団」だった。

この統治理念の代わりに、金正恩が打ち出したのが「人民大衆第一主義」である。しかし、実際には誰の目にも金正恩が人民を第一に考える人物だとは見えないのではないか。

権力を継承して13年経つが、人民の生活は苦しくなるばかりだ。人民はもはや「主義」や「理念」よりも切実に食糧を求めているのが現状だ。

第6章

すべての事業に失敗

リゾート開発を指示

金正恩《キムジョンウン》も破綻《はたん》状態の経済を放置すれば、体制崩壊につながる可能性があることは認識していたようだ。そのために打ち出した政策が観光業の拡大である。留学経験のある金正恩の頭の隅には、スイス時代の記憶がかすかに残っていたのかもしれない。

2024年末、金正恩はお気に入りの江原道元山《ウォンサン》にある別荘で過ごした。体調が思いのほか良かったからだろうか。別荘を抜け出して、愛娘のジュエを連れて、近くの元山海岸葛麻《ガルマ》観光地区の海岸を散策した。同年12月31日付「労働新聞」には、金正恩がジュエと腕を組んで歩く姿を含め、38枚のカラー写真を掲載、「葛麻海岸リゾート観光地が25年6月から運営を開始する」と報じた。

金正恩は観光地区内に建設中のホテルやサービス施設を見て回りながら、「見れば見るほど壮観だ。わが国は、世界が羨《うらや》むほど豊かで多様な観光資源を持っている。それに加えて観光産業発展の必須条件である政治的安定と制度的優越性、物質的経済条件もすべて備えられている」と述べ、「観光事業を大々的に拡大させるように」と注文を付けたという。

元山葛麻地域は、観光地として恵まれた天然条件を備えている。日本海に面し、韓国にほど近い江原道元山市龍千里《ヨンチョンリ》の葛麻半島は、古くから朝鮮一の海水浴場として知られた。

日本統治時代の1920年代に、南満州鉄道株式会社（満鉄）が資本を投下し、元山海水浴株式会社がゴルフ場やホテルを建設し、観光地化を進めた歴史がある。「鳴砂十里《ミョンサシムリ》」と呼ばれる海岸は、砂浜が4キロメートルにもわたって続き、白い砂浜に打ち寄せる波の音が5キロ先まで聞こえるということから、「鳴砂（砂が鳴る）十里」という名前が付いた。

元山湾北側の松濤園は金正恩一家が使用する別荘で、別名「向山1号招待所」と呼ばれる。金正恩の友人で元米プロバスケットボールのデニス・ロッドマン選手が「夢の世界」と絶賛した自慢の別荘だ。ロッドマンによれば、この別荘でカラオケや乗馬をし、酒宴を楽しんだ。

トランプ氏が2期目の大統領就任式を済ませた後、記者の前で述べた北朝鮮の「コンド（コンドミニアムリゾート）」とは、この海岸を指すものとみられる。トランプ氏は「私は金正恩と上手くやった。私がカムバックしたことを彼は喜ぶだろう。彼は海岸沿いに素晴らしいコンドを持っている」と語った。

実業家でもあるトランプ氏が元山海岸リゾートに興味を示したのは、今回が初めてではない。２０１８年６月、シンガポールで初めて金正恩と会談したときも、「あなたの国には素晴らしい海岸がある。世界で一番素晴らしいホテルを建てることもできる」と語っている。

現実離れした事業計画

金正恩が元山と金剛山《クムガンサン》を結ぶこの地に、世界的な観光地帯を建設する計画を発表したのは、15年3月だ。中国の瀋陽市で「元山・金剛山開発投資説明会」を開き、集まった経済人に対して「同事業は共和国（金正恩）の確固たる意志だ」と説明し、「対外経済分野における重大な任務」と説明した。

説明会の資料によると、計画には各種文化施設、ホテル、空港、港湾、ゴルフ場、カジノなどが含まれており、費用は外国からの投資を誘致すると示された。17棟のホテル、一日4000人を収容する空港を整備するほか、元山と金剛山を結ぶ90キロメートルの道路には74の橋梁と九つのトンネルが建設される。これらの事業に投資枠を設定して事業権利を付与し、事業には総額78億8000万ドルが必要だと発表した。

参加者から、事業の実現性について質問されると、「当面は年間30万人から40万人の観光客を見込んでいるが、本格的に稼働すれば100万人は来るだろう」と答えた。金剛山地域までの飛行距離が3時間以内に収まる範囲に、日本や中国の人口100万人を超える都市が40以上あると説明した。

当初は19年4月までに完成を目指していたが、25年になっても完成できずにいる。その間、北朝鮮はアジア太平洋委員会傘下に「元山チーム」をつくり、中国や韓国企業を相手に投資誘致活動を展開、韓国のロッテグループ中国現地法人や韓国企業にも接触したが、ことごとく断られた。

そもそも同地域の開発権利は、金正日時代に韓国の現代《ヒョンデ》グループに売却されている。2000年に現代グループと北朝鮮との間に締結された「経済協力事業権に関する合意書」によれば、現代グループが10億ドルの現金を前金として支払う代わりに、北朝鮮の電力、通信、鉄道、飛行場、ダム、金剛山地域の水資源の利用など七つの社会間接資本（SOC）事業権を取得し、金剛山地域の観光地開発の独占権を得ていた。契約満了期間は2052年となっていたが、11年に北朝鮮が契約を一方的に破棄。現代グループが金剛山に建設したホテルや南北離散家族の面会施設などを撤去した。

韓国の月刊誌『新東亜』（15年5月号）はこの開発計画を特集し、「北朝鮮は一方的に契約を破棄する国であり、事業がいくら魅力的だと宣伝しても投資に応じる企業はいないだろう」と書いた。

金正恩は25年6月からは営業を開始すると豪語したが、仮にオープンしたとしても、経済的な利益をもたらすかは疑問視されている。当面、北朝鮮が誘致できる観光客といえば、ロシア人に限られるが、24年の1年間で北朝鮮を訪れたロシア人観光客の数はわずか1500人だ。ホテルや簡易宿泊施設、ウォーターパーク、大型野外劇場を観光客で埋めるのは現状では非現実的である。

さらにどの観光地にもある飲食店や娯楽施設、サービス施設もない、巨大な廃墟のような観光地を訪れる人はいないのではないか。国内にも需要はない。平壌に住む一部の特権階層も自家用車を持っているわけではない。仮に、車を所有しているとしてもガソリンがない。調達できたとしても、平壌と元山の間のボロボロの道路を数時間かけて走り、海を見て戻るという余裕のある市民など今はいない。

つまり、金正恩肝いりで始まった大型開発プロジェクトは、北朝鮮の現実とは釣り合わないものであり、経済を立て直すという観点からはほとんど効果のないものだ。

人が来ないスキー場

金正恩統治の下、やり続けた無駄な事業は、このリゾート開発事業だけではない。権力を掌握したあと、すぐに着手した最初の大型プロジェクトがスキー場建設だ。平壌と元山との間の馬息嶺《マシクリョン》スキー場の建設だ。世界最大級のスキー場を建設し、夏は海水浴、冬はスキーを楽しめる「観光地帯」をつくる構想だった。

11年に金正日が死亡し、すべての権力を握った金正恩が山積する問題を差し置いて、スキー場建設を優先したのはなぜか。北朝鮮住民がスキーを楽しめずに困っていたわけでもない。建設を急いだのはスイス留学の記憶が蘇《よみがえ》り、「北朝鮮にはスイスよりもっと規模のでかいスキー場を持っている」と自慢したかったのだろう。スイス時代の金正恩兄弟の面倒を見た高容姫《コヨンヒ》（金正恩の生母）の妹、高容淑《コヨンスク》氏は亡命先のアメリカでメディアの取材に「冬

オープンした当初の北朝鮮・馬息嶺スキー場

は、金正恩兄弟を連れてよくスキーに行っていた」と証言している。

金正恩がスキー場を13年冬までに完成せよと号令をかけたため、「労働新聞」は毎日のように「馬息嶺」を報じ、「馬息嶺速度」というスローガンを掲げて、工事の迅速な完成を呼びかけた。これは北朝鮮にしかない「文化」と言えばよいだろうか。

一つの大型事業を短期間に完成しなければならないとき、北朝鮮では軍部隊と青年突撃隊を投入して「速度戦」を展開して工事を進める。例えば、熙川《ヒチョン》という地域に発電所をつくるときは「熙川速度」、平壌に1万世帯のマンションを建設するときは「平壌速度」と呼ばれた。

「馬息嶺速度」を強調したのは、それが国家的な事業であり、短期間で必ず完成しなければならない最優先事業であることを意味する。13年6月28日付「朝鮮新報」は、「最近朝鮮のメディアには『馬息嶺速度』という言葉が使われない日がない」と報じたほどだった。

金正恩肝いりのプロジェクトだっただけに、スキー場建設には多額の資金が投入された。総面積14平方キロメートルのスキー場に4つのスロープがあり、地上から１３６０メートルの頂上までケーブルカーが設置された。１２０室規模の9階建てのホテル内にはプール、サウナ、マッサージ室、美容室、ビリヤード、レストラン、スケート場を完備し、ホテルの近くにはヘリポートまでつくった。

他にもスウェーデン製の除雪機、ドイツとイタリア製とみられる雪管理用装備も備えられていたが、これらは中国から密輸入されたものだった。

スキー場の第1段階の工事を済ませたあと、金正恩は政府要人全員を帯同してオープニングセレモニーに出席した。そして鼻高々に、「短時間でこのようなスキー場を建設できたのは、世界に朝鮮を知らしめる歴史的な快挙だ」と自画自賛した。

馬息嶺スキー場は当初、一日平均利用者数５０００人、年間収入６０００万ドルを見込んでいた。しかし開業から10年以上が経っても、スキー場を訪れる人は数千人ほどしかなかった。その間、金正恩の機嫌取りに躍起になっていた韓国の文在寅《ムンジェイン》大統領が18年2月、平昌《ピョンチャン》五輪に出場予定の予備の選手と青少年を無理やりスキー場に送り、3時間ほど利用したことがある。

24年はロシアから少年スキー団の20数人が訪れたが、これ以外に外国人が馬息嶺スキー場を利用したという話は聞かない。ましてや北朝鮮住民が利用したわけでもない。

そもそも車でなければアクセスが難しい、険しい馬息嶺まで自力で行ける北朝鮮住民などいない。1泊数百ドルもするホテル料金や装備のレンタル費用を払えるはずもない。

そうした現実を金正恩は知らなかったとしても、側近らは分かっていたはずだ。それでも建設は強行された。

「芝生を植えろ。花を咲かせろ」

金正恩が大衆を動員して大々的に推し進めたもう一つの事業が、平壌に芝生を植える運動である。金正恩は「芝生は平地に植えるだけでなく、山地にも植えなければならない。土が見えないよう、徹底的に、力強く（事業を）推し進めなければならない。ヨーロッパの国の芝生をみると嫉妬さえ覚える」と述べたとされる。

その意欲は並々ならぬもので、「朝鮮労働党第1秘書（当時）として、私が直接、芝生研究事業をやってみるつもりだ。家で鉢植えに芝生を育てている。幹部たちも栽培してみるとよい」と指示を出したという。

その後、北朝鮮は科学院傘下に芝生研究所を設立し、芝生の育成に必要な拡張工事を進めたことも確認された。当局は「季節に関係なく、青い色が褪《あ》せない芝生をつくれ」という指示を貫徹するため、外国から30種類以上の芝生の種を輸入して研究した。その後どうなったかは、北朝鮮メディアも報じなくなった。

さらに、「地上の楽園」をつくると称して、花を植える運動も展開した。「この国を百の花が咲く地上の楽園にすることは、将軍様（金正日）の遺訓でもある」とし、「われわれはこの遺訓を貫徹しなければならない。我々が緑化を実現できず[19]、多様な花束と花篭《はなかご》をつくれないのは、花の種類が多くないからだ。対策を講じるべきだ。人民に花を育てる方法を教えなければならない」と述べた。

花草研究所では優良品種の花を多く育成し、開花時間を長くすることを求め、「平壌だけでなく全国に花草公園をつくれ」という指示も出した。

芝生を植え、百種類の花を咲かせれば、国は「地上の楽園」になるという発想はどこからきたのだろうか。12年10月10日付「労働新聞」は、「金正恩元帥様が芝生植えの課業とその方法を教えてくださった後、平壌市を百の花が咲く都市にする事業は活発に繰り広げられている」と報じた。

北朝鮮で、金正恩の指示に疑問を呈する者はなかったようだ。そのような表情を浮かべただけでも処刑される可能性があることを知っているからだ。北朝鮮が緯度が低いわりに寒冷なのは、シベリア高気圧の影響を強く受けるからだというのは、誰もが知っている常識だ。義務教育をスイスで受けた金正恩が、花や植物を知り尽くした天才という話は聞いたことがない。

スイス留学時代に金正恩と同じクラスで学んだポルトガル出身のジュアン・ミカエル氏は、「我々は（勉強のできない）2群に属した」と証言している。金正恩はドイツ語が苦手で、スイスで学んだ知識は小学生レベルの基礎的なものに過ぎなかったのではないかという見方もある。しかも、学期の半分近くは平壌に戻り、元山別荘で遊んでいた金正恩が、熱心に勉強に取り組んだとは思えない。

その後、平壌がスイスのように芝生に覆われ、四季を通して花に飾られた都市に変貌したという報道は北朝鮮メディアにもない。仮にそれが実現したとしても、荒廃しきった北朝鮮の内実を隠す手段にはならないのではないか。

荒唐無稽な「3大治績事業」

金正恩が意欲的に取り組んだ「国家再建」プロジェクトには、馬息嶺スキー場以外に、乗馬クラブ、ウォーターパーク建設事業も含まれている。これらは北朝鮮が「金正恩の3大治績事業」と称し、国営メディアが盛んに称賛している。

13年10月に竣工した敷地面積65万平方メートルのミリム乗馬クラブ（平壌郊外）は、入場料7ドル、乗馬券は1時間あたり50ドルもする。北朝鮮では1ドルは闇市場で2万5000ウォン（25年1月のレート）、平壌の大学教授の月給が8000ウォンほどしかないという状況から考えれば、1回の入場料を払うために14カ月分の給料をためなければならない。それにもかかわらず、24年6月30日付「労働新聞」は、「乗馬運動は人民に情緒をもたらし、健康を増進できる。筋肉と骨を鍛錬できるのみならず、内臓機能を高める全身運動であり、精神的疲労をほぐす効果がある」と乗馬を勧奨する記事を掲載した。

この宣伝は、乗馬好きの金一家の趣味を美化する意図があるとの分析もあるが、宣伝部門を担当する妹の金与正《キムヨジョン》が、乗馬クラブ建設を正当化するために書かせた記事ではないかと推測される。問題なのは部隊の軍人には1日４５０グラムのトウモロコシの粉すら配給しない一方で、乗馬施設には莫大な金額が投入されていることである。

23年1月に米国商業衛星が撮影した衛星画像によれば、北朝鮮全土には20数カ所に乗馬場が建設されている。そのうちの18カ所は軍部隊内につくられていたが、他に金一家が利用する専用乗馬場が、平壌龍城《リョンソン》官邸と元山別荘にもつくられていることが確認されている。

一般住民は見物すらできない乗馬場建設に、地方政府も動員された。慈江道につくられた乗馬場の竣工式で、道人民委員会委員長は「（この乗馬場は）豊かで文明的な生活条件をつくろうと、心血と労苦を惜しまない金正恩同志の崇高な意志によって建設された輝かしい創造物だ」と述べた。しかし、これらの乗馬場は、たまに地方視察に訪れる金正恩とその一家が利用するための施設であることは言うまでもない。

「ＮＫニュース」によれば、金正恩は指導者就任後に、ロシアから60頭あまりの名馬を輸入しており、22年は一気に50頭の馬を輸入したという。

金正恩の３大治績事業の一つとして北朝鮮が自慢する「平壌ムンス・ウォーターパーク」は、電気が一日数時間しか来ない北朝鮮では、「絵に描いた餅」に過ぎない。それも非常に高価な「絵」だった。

金正恩統治下で建設されたものは、例外なく、このようなものだ。平壌の黎明街に建てられた超高層マンションは、誰も入りたがらないといわれる。電気が来ない時間帯にはエレベーターが動かず、水圧が低いため、高層階になるほど水道が使えない。冬は冷暖房施設がないため、一家が家のなかにビニールハウスをつくって寒さをしのいでいるという証言もある。

「北朝鮮は修理できない」

こうした失敗が続いたためか、最近では生産性のあるプロジェクトに関心を向け始めたようにも見える。「労働新聞」によれば、24年11月26日、金正恩は咸鏡南道新浦《シンポ》市豊魚洞《プンオドン》地区にある「海辺養殖事業所（新浦養殖場）」を視察し、「12月末の党中央全体会議までにはこの事業を完成せよ」と指示した。

この養殖場建設も金正恩肝いりの事業の一つだという。24年夏に同養殖場を訪れた金正恩は、軍人たち（北朝鮮の建設事業は例外なく軍部隊が担当する）に、「ここにホタテ貝と昆布を養殖すれば、脆弱《ぜいじゃく》な新浦市の経済が、3～4年後には共和国で一番ゆたかな市になるだろう。養殖事業の模範をつくり、全国にそれを普及し、一般化しなければならない」と訓示した。

しかし、魚を捕る網や木船すら不足している現状で、莫大な費用を要する養殖場建設を優先するのは、現実とかけ離れた選択であることは明白だ。この養殖場建設は、経済再建のために金正恩が打ち出した「地方発展20×10政策」事業の一環だ。しかし、北朝鮮経済に詳しい韓国国家安保戦略研究所の金光鎮《キムグァンジン》責任研究員（元北朝鮮保険総局シンガポール代表）は、「北朝鮮経済は絶望的で、もはや再生は不可能だ」と断言する。

「今、北朝鮮で民需品を生産する工場はほとんど稼働していない。動いているのは、砲弾やミサイルを生産する軍需工場のみだ。発電所をつくり、電気を増産しても送電網が老朽化しており、工場に到達するまでに25％以上が失われる。機械が老朽化し、金になる部品の盗難も深刻だ。工場が稼働しても、生産したものを運ぶ手段がない。運送に使う車を確保したとしてもガソリンがない。軍部隊に優先的に回される。道路も整備されておらず、車が走れる状態ではない」と述べ、「北朝鮮は修理しても正常化できる国ではない」と結論づける。

自慢の武器開発もハッタリか

金正恩が唯一自慢できるのは、核兵器と弾道ミサイルを中心とした軍事力の強化かもしれない。しかし、それも多くがハッタリやごまかしと見てよいのではないか。

20年1月の朝鮮労働党大会で金正恩は、武器システムの近代化を目指す「国防5カ年計画」を打ち出した。その計画には、アメリカ全土を射程圏内に収める長距離弾道ミサイル（ICBM）の性能向上、固体燃料式ICBMの開発、短距離ミサイルや潜水艦発射型弾道ミサイルに搭載できる小型戦術核兵器の開発、軍事偵察衛星の打ち上げ、極超音速ミサイルの導入、核潜水艦の運用能力確保が含まれていた。

その後、「実験」や「訓練」と称して、アメリカ全土を射程に収める可能性がある新型弾道ミサイルを立て続けに発射したが、これらの多くが実戦配備のレベルには達していないと分析されている。

韓国国家安保室の申源湜《シンウォンシク》室長は、国会国防委員会の聴聞会で「北朝鮮の能力を侮《あなど》るべきではないが、恐れる必要はない」と発言している。

金正恩は21年1月の党大会で「国防科学発展および武器体系開発5カ年計画」を発表し

た。５年以内に完成を目指すとされた計画は、米国やロシアが保有する主要な先進兵器のすべてを手にするという野心的な内容だった。それは次のようなものだ。

①核兵器の超大型化、多様化、各種弾道ミサイルすべてに搭載可能な戦術核兵器の開発
②射程１万５０００キロメートル以内の戦略的諸対象を正確に打撃するＩＣＢＭの開発
③極超音速滑空飛行弾頭の開発・導入
④原子力潜水艦および水中発射核戦略兵器の開発・運用
⑤軍事偵察衛星および５００キロメートル前方の縦深まで偵察可能な無人偵察機をはじめとする諸偵察手段の開発・保有

金正恩は、これらの武器システムを完成するため、限られた国家の財源、エネルギーのすべてを集中させてきた。その結果、24年までに弾道ミサイル１８５発を試験発射し、４回にわたって核実験を行った。この数字には時々発作を起こしたかのように大量発射する放射砲（多連装ロケット砲）や、訓練名目で空に発射される砲弾の数は含まれない。また、巡航ミサイルの発射実験も含まれていない。

ウクライナ戦争で北の兵器は役に立たず

5カ年計画を発表した後、金正恩は「極超音速ミサイル」や変則軌道で飛翔可能な短距離弾道ミサイル（SRBM）を立て続けに発射し、鉄道や湖からのミサイル発射実験も公開した。しかし軍事専門家によれば、北朝鮮の鉄道は戦時に使えるほど整備されておらず、湖も冬には凍結するうえに、水深の深い湖は限られているため、実用性はないとされる。

22年には、ICBM級を含むミサイルを31回、59発発射した。しかし、長距離弾道ミサイルの場合、正常角度（標準角度）での発射実験は一度も行われず、すべてロフテッド軌道（高角度で発射して落下させる方式）による実験だった。

北朝鮮が自慢するICBMが、本当に大気圏再突入時に発生する7000度以上の高熱に耐えられるかは疑問だという専門家は多い。また、軍事偵察衛星を保有していない北朝鮮では、地球の反対側を狙うことは「目をつぶって物を投げるようなもの」だと専門家は指摘する。正常角度で発射した場合、大気圏再突入時に弾頭が弾《はじ》かれる可能性もあるという。

北朝鮮の武器システムの信頼性や実力は、ウクライナ戦争で露呈してしまった。北朝鮮がロシアに供与した「KN－23」（北朝鮮版イスカンデル型短距離弾道ミサイル。北朝鮮では「火星－8」と呼ぶ）と「KN－24」（エイテクムス戦術誘導弾）は、ウクライナ戦争でほとんど役に立たなかった。ウクライナ国防情報局（DIU）によれば、北朝鮮がロシアに供与したKN－23とKN－24は100発以上あり、そのうちの半分は空中で爆破し、残りも軌道をはずれてどこへ着弾したか分からない不良品だったと発表した。

米国防省が運営するVOA（「アメリカの声」）によると、ウクライナ検察が24年5月に発表した報告書で、ロシア軍が23年12月から24年2月までの間に発射した約50発の北朝鮮製ミサイルの残骸を調査した結果、「半分程度が軌道を離脱し空中で爆破した」とされる。ミサイルには7カ国22社が製造した36種類の部品が使われていた。国連制裁下にある北朝鮮は、これらの部品を密輸で調達したのは言うまでもない。

北朝鮮が21年から開発している極超音速ミサイルもいまだに未完成だ。24年6月、北朝鮮は極超音速弾道ミサイルの発射実験を行ったが、米韓軍事当局は「正常な飛行には失敗した」と発表した。この発射実験は、金正恩が21年1月に発表した「国防科学発展および武器体系開発5カ年計画」の5大核心事業の一つである極超音速弾道ミサイル「火星－8」だったとされる。しかし、ウクライナ戦場で半分は空中爆破し、軌道を外れたと報告されている。

朝鮮中央テレビは25年1月7日、「新型極超音速中長距離弾道ミサイルの試験発射に成功した」と報じ、「ミサイルの極超音速滑空飛行（変則飛行）の弾頭部分は、音速の12倍に達した」と主張した。

試験発射に立ち会った金正恩は、「このミサイルはいかなる防御障壁も貫通して、相手を打撃できるものだ。太平洋地域の敵対勢力たちを確実に牽制するだろう」と述べた。

これが本当であれば、北朝鮮メディアが自慢するように、平壌近郊の順安《スナン》飛行場付近から沖縄とグアムの米軍基地を射程圏内に収められる。現在、音速の12倍以上の極超音速ミサイルを保有しているのは米国、中国、ロシアしかない。自慢したくなるのも無理はないが、米韓軍事当局は「飛行距離も高度の数値も信憑《しんぴょう》性に欠ける。北朝鮮の発表は誇張されており、滑空飛行などの変則軌道も確認されなかった」と、分析結果を発表した。

ロシア派兵の目的は兵器欲しさ

北朝鮮国防科学院傘下の専門雑誌（非公開）で17年間、武器システム開発の関連記事を執筆した金吉善《キムギルソン》元記者によれば、「金正恩が立て続けに発射してみせるミサイルは、すべてハッタリで、役に立たない」と証言する。父が国防科学院の幹部だった金記者は24年8月、筆者の取材に対し、北朝鮮の武器システム開発の実態を赤裸々に語った。

「国防科学院の技術者たちは、最高指導者から『ロシアの某ミサイルのような弾道ミサイルをつくれ』と命じられると、手作業でそれを製作する。北朝鮮が発射しているミサイルは、標準化されておらず、二度と同じものをつくれない。試験発射に金正恩が立ち会うときだけ、信頼性のある部品を使用するので成功することもある。しかし、量産できる体制ではない」と断言した。

「それを金正恩は知っていながら嘘をついているのか。それとも本当に知らないのか」との質問に対しては、「（事実を）知らないはずがない。金一族は人民を騙《だま》し、世界を恫喝することに慣れている。人民にも外国にも、自分はすごいものを持っているように見せなければならないから、嘘をついているのだ」と指摘した。

いま金正恩が夢中になっている軍事偵察衛星も、米韓当局の分析では「おもちゃレベル」と評価されている。23年、北朝鮮は「万里鏡-1号」と名付けた軍事偵察衛星を搭載し、万里（およそ5000キロメートル）を見渡せると自称する衛星を3回打ち上げ、一度は「軌道に乗せることに成功した」と発表した（23年11月22日）。しかし、二度目の打ち上げ失敗で海に落ちた衛星を米韓当局が引き上げて分析した結果、「偵察衛星としては実質的に意味をなさないもの」という結論が出された。

それに自尊心を傷つけられたのか、金正恩は翌年24年には、軍事偵察衛星3基を発射すると公言した。一度は打ち上げを試みたが失敗し、結局、1基も打ち上げられなかった。5カ年計画では、25年までに少なくとも4基の軍事偵察衛星を打ち上げる予定だが、ロシアが全面的に技術と設備、衛星本体まで提供しない限り達成は難しいとみられる。

金正恩がロシアに1000万発近い砲弾を供与し、傭兵まで派遣した理由は、「武器体系開発5カ年計画」と密接な関係がある。23年9月にロシアを訪問した金正恩は、ロシアの先端技術が集まる宇宙基地や戦闘機などを製造する工場のほか、ロシア海軍の太平洋艦隊などを視察した。

朝鮮人民軍の元帥、国防相、海軍・空軍の司令官、さらに兵器生産を統括する党の軍需工業部長らを同行させたことからも、視察の狙いがどこにあったか明らかだ。

テレビ画面には、金正恩が戦闘機に触ってみたり、潜水艦に乗り込んだりする様子が映し出された。まるで玩具売り場に連れていかれた子どものように、「あれもこれも欲しい」とねだるような姿だった。言葉にしなくとも、ロシアの武器に「唾を付けていた」のかもしれない。

プーチン大統領の機嫌を取るためだったのだろう。金正恩はウクライナに侵攻したロシアを支持すると表明した。「ロシアは主権と安全を守るため、覇権主義勢力に対して神聖な戦いに立ち上がった」と持ち上げ、「我々はプーチン大統領とロシア指導部の決定を常に支持し、帝国主義との戦いで共に戦っていく」と語った。

ニューヨークタイムズ紙によれば、ロシアへの派兵は、プーチン大統領からではなく、金正恩からの要請だったという。つまり、金正恩のロシア派兵は、疲弊した国の経済を立て直すためでも、人民生活を改善するためでもなく、「玩具が欲しい」という欲求からだったのだろう。

第7章

崩壊する金体制の3本柱

偽善に満ちた人民愛を演出

2023年3月25日付「労働新聞」に掲載された「人民を魅了する偉人の世界、偉大なオボイの一日」と題する記事を読むと、金正恩《キムジョンウン》が一日をどう過ごしているかが分かる。

記事では「偉大な首領様は、今日という一日を翌日5時までと考えて仕事をされると話された。だからこそ午前5時に一日の事業を総和し、新しい一日にやらなければならない事業を計画されると話された」と記し、金正恩の言葉を紹介する。

「私は幼いときから徹夜して仕事をするのが習慣となり、今ではそれが一つの生活法則として体質化されている。私は静かな夜に思索を集中するのを一番好む。夜をふかして難しい問題を考えることもあるが、それが解決したときは本当に気分爽快になり、溜まった疲れも一気に吹っ飛ぶ」

記事は金正恩が毎日朝5時まで仕事をするのが習慣になっていると伝えている。朝5時から寝るという意味にも読めるが、「労働新聞」は金正恩が人民のために昼夜を問わず働いていると強調したかったのだろう。

金正恩が夜間に何をしているかについては、北朝鮮官営メディアの報道を注意深く分析してみると分かる。朝鮮中央テレビが23年6月7日に放映した「建設の大繁栄記」という宣伝映画では、金正恩が夜遅くまで街の建物の外観や配置、道路の広さ、街路灯、造形、建物内部の装飾に至るまで、きめ細かな指示を出していたと紹介している。

記録映画「敬愛する金正恩同志が指導してくださった街形成案」によると、金正恩は未来科学者街で590件、黎明街で1380件、松花街で1000件、火星街1段階工事に関しては1630件余りに上る「形成案」(設計案)を作成し、具体的な指示を出したとされる。

もし朝鮮中央テレビの報道が事実であるならば、金正恩は街づくりのために合計4600件に上る「形成案」を考案し、指示を出したことになる。建物の外観や内装だけでなく、窓の色、便器の種類、表札の大きさ、照明の色に至るまで、金正恩が徹夜しながら決定したとされる。

金正恩には留学経験があるが、建築やデザインを学んだという経歴は見当たらない。父・金正日《キムジョンイル》は、幹部用の新築マンションの分譲に口を出した話はあるが、外観や内装、都市計画にまで指示を出したとは聞いたことがない。

金正恩が夜に行っているという仕事は、この「形成案」だけに限らない。

23年7月に放映されたシリーズ記録映画「永遠なる生き方」では、任務遂行中に犠牲になった40余人の海軍兵士のために、金正恩が墓を建てるように指示し、碑石に一人ひとりの写真を貼るように命じたという話が紹介されている。映像は金正恩は徹夜して兵士たちの写真を選んでいる場面や、写真を見ながら涙を流す姿を映していた。

ナレーションは、「写真1枚1枚に熱い愛と情を注ぎながら、敬愛する元帥様は写真を選ぶのに夜を更かし、新しい一日を迎えられた」と付け加えた。その後、兵士たちの葬儀が終わった夜、金正恩は兵士一人ひとりの写真を額縁に入れ、朝鮮労働党の旗に包み、遺族に送るように指示を出したとされている。

これが本物の感情であれば金正恩は称賛されるべきだろうが、それが単なる演出であることは、ウクライナ戦場に派遣された兵士たちの処遇をみればその偽善性が分かる。そもそも戦場でロシア軍の弾除けとして使われている兵士の派兵事実を自国民に隠している。

ウクライナ軍に捕虜として捕らえられた北朝鮮兵士は、「私たちはどこに行くのかも知らされないまま、戦場に送られた。戦闘に参加するときも、実戦のような訓練を行うのだ、と聞かされた」と話している。つまり兵士たちを騙《だま》して、戦場に投入している実態が明らかになった。

このような偽善に満ちた「人民愛」を演出している間にも、経済は破綻《はたん》状態に陥り、人々の生活は苦しくなっている。金正恩にはその現実などまったく見えていない。

恐怖統治しか残っていない

皮肉なことに、金正恩が頑張れば頑張るほど、北朝鮮の状況は悪化し、人々の精神を支配していた「理念」（主体思想、統一路線）が崩壊し、体制を支えていた「配給制度」「洗脳教育」「恐怖統治」という3本柱が壊れつつある。

金日成《キムイルソン》時代はこの三つの柱が存在したから権力基盤は盤石だった。金正日時代となり、3本柱の一つ、「配給制度」が崩壊したが、「洗脳教育」は辛うじて機能していた。しかし金正恩時代になってからは、3本柱の「恐怖統治」しか残っていないのが実情である。「配給制度」が崩壊したのは、1990年代後半とされる。突然の配給停止によって250万人の住民が餓死した（餓死者数にはさまざまな説があるが、250万人は黄長燁《ファンジャンヨプ》氏の証言によるもの）とされる。そのとき、金正日は朝鮮人民軍や秘密警察など暴力機関、平壌の特権階層には食糧を供給し続けた。

ところが、金正恩時代に入ると住民は食糧も生活必需品も治療薬も、すべて闇市場で調達しなければならなくなった。120万人の軍人のうち、半分が栄養失調に陥っている理由は、軍にも食糧や補給品が支給されていないからだ。

金日成総合大学を卒業し、脱北して韓国で日刊紙記者となったジュ・ソンハ氏によれば、「朝鮮人民軍は今や農民、漁民、山賊、泥棒に変質している」と指摘する。軍人も自力で食糧、歯磨き粉やタオルなどの日常用品、制服まで工面しなければならない。飢えをしのぐために駐屯地周辺の村を襲撃し、家畜を奪うケースも後を絶たないという。

このような実態を金正恩は知らないはずがない。それにもかかわらず、24年夏、朝鮮人民軍将校とその家族に供給していた食糧を4分の1減らすように指示した。一年のうち、3カ月は「食べるな」ということだ。兵士に供給していた腐りかけたトウモロコシの粉やジャガイモを、これまでの一日450グラムから減らしているという。

軍部隊では食糧問題を解決するため、自力で農業を営み、ブタやウサギ、ヤギを飼っている。日用品は駐屯地周辺の町や村から恵んでもらうか、盗むしかない状況だ。

北朝鮮の内情に詳しい米議会が運営する「自由アジア放送(RFA)」によれば、各地域では「人民軍隊を支援するための住民会議」が定期的に開かれ、各人民班(30世帯ほどで構成される住民組織)に、具体的な支援物資が割り当てられるという。

24年2月には、「人民軍隊への支援物資」として、各世帯が30センチ四方の布を2枚ずつ提供するよう指示が出された。軍に靴下を支給する余力のない政権は、住民に「足を包む布」を上納させたのだ。冬には靴下の代わりの白い布で足を包み、靴を履くという習慣は、第二次世界大戦時代のソ連兵でも見られたが、北朝鮮の冬はシベリアから寒気が流れ込み厳寒となる地域が多い。それにもかかわらず靴下も靴も支給されない(できない?)のは、「人民重視」などと、とても言えない。

脱北者の一人は朝鮮人民軍の実態について、「男性の場合、満17歳から軍に入隊する。除隊まで12年間、軍事訓練どころか銃も一発も撃たず、ジャガイモやトウモロコシ、豆を栽培し、ヤギ、ウサギ、ブタを飼わされているのが日常だ」と証言している。

洗脳教育も効果なし

このような悲惨な状況に置かれながらも、体制への忠誠を強要するのが北朝鮮だ。そのために用いられるのが「洗脳教育」である。北朝鮮住民は、例外なく幼稚園から一生にわたって当局の厳しい統制下で、洗脳教育を施される。

幼稚園では鉛筆1本もらっても「敬愛する元帥様ありがとうございます」とお辞儀をしながら感謝の言葉を口にしなければならない。小学校から大学に至るまで、正規の教育科目として金日成、金正日、金正淑《キムジョンスク》の「革命歴史」が必修科目として設置されている。金正恩時代になってからは、「金正恩同志の革命歴史」も追加された。金一族の革命歴史を暗誦するコンクールが定期的に行われ、北朝鮮全域に建てられた金一族の銅像や壁画の清掃作業を義務付けられるほか、「苦難の行軍」を再現して徒歩で「金一族の事跡地巡り」もさせられる。

職場では毎朝、仕事始めに「労働新聞」や金一族の指示文を学習し、週1~2回は「思想総和」と呼ばれる会議が開かれ、互いに欠点を指摘し合い（「首領様への忠誠心」が中心に問われる）、自己批判して、期待に応える成果を上げられなかったことを反省させられる。

家庭の主婦や引退した年配の人たちも、各々の住宅街に組織された「人民班」によって、教育・監視を受ける。

このように完璧に見える統制・思想教育、つまり「洗脳教育システム」も近年では崩壊しつつある。

特に1990年代後半、「配給制度」が崩壊した後に生まれ育った20代、30代の若者には、このような思想統制が効かないようだ。韓国統一部が2013年から22年にかけて、北朝鮮を脱出して韓国に定着した6351人を対象に行った「北韓経済・社会実態認識」に関する調査報告書によれば、72％の住民は配給を受け取った経験がないと回答した。また家庭用電力の供給時間は1日平均4・3時間で、2000年代の金正日時代の5・7時間より減っていることも分かった。

金正日時代までは、わずかながらも国から配給があり、食糧に加えて金日成の誕生日などの名節には、各家庭にキャンディ500グラム、酒1本か豆腐が配られることもあった。また、たまに筆記用具やランドセルのような「特別供給」も行われていたが、金正恩時代にはこれが消滅している。

ソウルで取材に応じた30代の脱北者は「金正恩には住民に食糧を供給する能力も意思も

ない」と憤る。若い世帯は、「ノドンダン（労働党）」より「チャンマダン（自由市場）」を信じるようになった。チャンマダンから必要なものを手に入れ、飢え死にしない程度の生活を営んできたからだ。北朝鮮で家もなく食べ物もない「コッチェビ（乞食）」もチャンマダンがあるから生き延びることができるという。

　チャンマダンが、北朝鮮住民の生活を大きく変えつつある。若者の意識だけでなく、社会全体の思想統制にも影響が及んでいる。前出の調査によれば、北朝鮮住民の9割以上が外国の映像を見たことがある。北朝鮮当局は韓国ドラマや映画、音楽、印刷物を「傀儡《かいらい》文化」と称し、厳しく統制している。これに接した住民が現実に不満を抱き、体制への反発に発展することを恐れるからだ。

　韓国のドラマを観ただけで5年以上の労働教化刑（刑務所のような収容所で過酷な労働に従事させる）、傀儡文化を流布した場合は処刑される。しかしそれでも多くの住民は韓国ドラマを観ているという実態が、さまざまなルートで外部にも伝わっている。24年7月、北朝鮮は、ＵＳＢメモリーに保存された韓国ドラマを観たとして中学生約30人を公開処刑する事件が起きた（24年7月10日、テレビ朝鮮）。事実か否かを確認するのは難しいが、若者に対する統制がかなり厳しくなったのは間違いないようだ。

金正恩政権が、住民の思想統制に苦慮しているのは、近年、北朝鮮で制定された「反動思想文化排撃法」（20年）や「青年教養保障法」（22年）を見れば明らかである。若者の外国文化への接触を根絶するため、親に責任を問うのが「青年教養保障法」だ。子どもたちが韓国文化に染まらないように家庭で教育を強化し、当局に通報（密告）するように促している。

それにもかかわらず、韓国のドラマや映画に影響された若者の間では、韓国式の言葉、ファッションを真似する人が増えたため、23年には「平壌文化語保護法」がつくられた。韓国式の言葉を使っただけでも「労働教化刑」に処することにしている。しかし、このような厳しい法律で処罰を強化すればするほど、若者の気持ちは当局から離れている。もはや「洗脳教育」という柱は壊れていると見てよいだろう。

ネジも締めすぎるとバカになる

いま、金正恩《キムジョンウン》体制を支えている唯一にして最も効果的な手段は「恐怖統治」だ。韓国統一研究院の趙漢凡《チョハンボム》研究員によれば、「金正恩は統治期間中に、次官級（副大臣）以上の幹部だけで200人あまりを処刑した。叔父の張成沢《チャンソンテク》を処刑したときは、張の親族や側近、その家族など3000人近くが粛清された」。

恐怖統治の実態を示す逸話は、脱北した元高官の証言や北朝鮮メディアの報道からも確認できる。15年5月19日、朝鮮中央通信は「金正恩元帥が大同江《テドンガン》スッポン養殖工場を視察した際、工場の酷い経営実態に激怒された」と報じた。金正恩はその場で幹部たちを「将軍様（金正日）の配慮のもとにつくられた工場が、こんな酷《ひど》い状況とは言葉が出ない。電気の問題、水の問題、設備の問題で生産を正常化できなかったという弁明には呆れてしまった」と叱責した。

北朝鮮権力内部の出来事を多くスクープしている韓国「東亜日報」の朱成夏《ジュウソンハ》記者は、その場に居合わせた幹部の目撃談を紹介している。

養殖場を見て回る途中、死んでいるスッポンを見つけた金正恩が「なぜ死んでいるか」と問い質すと、支配人は「電気不足と飼料を調達できないため」と説明した。それを聞いた金正恩は激怒し、支配人に罵詈雑言《ばりぞうごん》を浴びせ始めた。その瞬間、護衛兵2人が現れ、支配人の両腕をつかんで膝を砕き、金正恩の前に跪《ひざまず》かせた。「こいつを引きずり出せ。生きる資格はない」と大声で叫ぶと、護衛兵は支配人を引きずり出し、金正恩が工場を出た直後、銃殺した。

朝鮮中央通信は、支配人の処刑については触れていないが、駐英国北朝鮮公使を務めた太永浩《テヨンホ》氏は、著書『三階書記室の暗号　北朝鮮外交秘録』で、「金正恩はその場で支配人を厳しく叱責したあと、処刑を命じ、銃殺刑が即座に執行された」と述べている。

北朝鮮が配信する官営メディアの写真からも、金正恩がいかに残忍な指導者であるかが分かる。14年2月2日付「労働新聞」には、金正恩が朝鮮人民軍海軍の東海艦隊と西海艦隊の高位級指揮官たちの訓練を現地指導したときの写真を掲載した。そこには黒色の水着に青色の帽子をかぶり、冷たい海でもがく老齢の将軍たちを、金正恩が砂場に置かれた椅子に座って楽しそうに眺める姿が映っていた。

「労働新聞」は、金正恩が各軍司令官および政治委員、軍団長、軍団政治委員らの射撃訓練を指導した写真も紹介した。お腹が出ている50代以上の軍幹部たちが、うつ伏せになって地面を這う滑稽な姿を金正恩は楽しんでいたのだ。

朴正熙《パクチョンヒ》政権時代に韓国中央情報部（ＫＣＩＡ）の分析官を務めた康仁徳《カンインドク》氏は筆者に、「金正恩の恐怖統治も限界に来ているのではないか。ネジも締めすぎるとバカになってしまう。締めすぎるともう締められなくなる。金正恩の統治はそのような状態にあるのではないか」と語った。

第8章

金正恩政権の終焉

シリアのアサド政権と酷似する

米国エール大学のミラン・スボリック教授は、1946年から2006年までの60年間における世界中の独裁政権が、どのような理由で没落したかを分析した。その結果、クーデターによって崩壊したケースが68％と最も高く、住民蜂起による崩壊が11％、独裁者の自然死による政権崩壊のケースが４％だった。自ら権力の座を退いた独裁者は一人もいなかった。

ただし、大規模集会での抗議行動を契機に軍によって拘束され、処刑されたルーマニア社会主義共和国の大統領、ニコラエ・チャウシェスクの場合は、住民蜂起とクーデターが同時に発生したケースに該当する。北朝鮮でも起こり得る話だ。

24年11月、北朝鮮と同じく親子2代にわたり半世紀の間、独裁政権を維持してきたシリアのアサド政権があっけなく崩壊した。これは内戦で敗北したためだが、圧倒的な武力を誇った政府軍が敗れた理由は、アサド政権を支えてきたロシアがウクライナ戦争で手一杯になり、支援が途絶えたことにある。それに加えて政権の腐敗や汚職が進み、政府軍の兵士の士気やモラルが著しく低下し、反政府軍に本気で応戦しなかったからだ。

北朝鮮のような厳しい独裁体制を敷き、絶対的権力を握っていたアサド大統領が政権の座を追われ、ロシアに亡命したことに一番ショックを受けているのが金正恩《キムジョンウン》ではないか。アサド政権崩壊の引き金は内戦ではあったが、政権崩壊をもたらす要因となった腐敗や士気の低下は現在の北朝鮮にピッタリ当てはまる。また、北朝鮮が頼りにする国がロシアという点でも、二つの国は共通する。

金正恩が最近「腐敗との戦争」を宣言したのは、シリアの事例を見たからかもしれない。北朝鮮は24年に入り、「地方発展20×10政策」に国家の命運をかけている。これは破綻《はたん》した経済を立て直すために金正恩が打ち出した「秘策」であり、地方の20の都市に10年かけて毎年一つずつ工場を建設すれば食糧問題は解決され、国は豊かになるという発想に基づく。

血の粛清が始まるのか

事業開始以来、25年1月までにどれくらい進展したかは米国商業衛星が撮った写真から確認できた。北朝鮮全土20カ所に工場建設用の敷地が造成され、少なくとも7カ所で建物がつくられた。

北朝鮮メディアによると、平安南道の成川郡地方工業工場の竣工式に出席した金正恩は、「わが党の10年革命の開始を宣言する歴史的な場所で10カ月目にその初の結実として竣工式を行うことができたのは、われわれの事業の真意と前途を確認する意義深いものである」と述べた。

この言葉は、24年にスタートした「20×10政策」が、10カ月目にして成果を挙げたことを意味する。しかし、金正恩はその場で、「地方工業政策と農村革命綱領が、地域の人民生活と農業振興という意図と背馳《はいち》し、期待通りの実を結べなかった」と問題点も指摘し、「農村問題の最終的解決のために早急な是正が必要」だとする認識を示した。

金正恩が「実を結べなかった」と語ったのは、当初の計画であった1年間で20カ所に工場を建設する目標が実現できなかったという意味だ。また、農村問題解決という発言は、工場を建設すれば、味噌や醤油、日常生活用品が生産できると考えていたが、実際には工場に機械も設置されていない状態であることを指摘したものだろう。

「労働新聞」は、金正恩の治績事業が順調であると見せかけるために、地方工場で生産されたとされるプラスチック製器を手に取って喜ぶ女性たちの写真を掲載した。しかし、その器が本当に地方工場で生産されたかは疑わしい。なぜなら、プラスチックの原料は地方工場で簡単に生成できるものではないからだ。

金正恩自身、この政策が失敗していると分かったのだろう。政策開始から10カ月しか経っていないのに、失敗の責任追及が始まっている。25年1月27日、金正恩は朝鮮労働党中央委員会第8回第30次書記局拡大会議を開催して、こう述べた。

「最近、党内規律を乱暴に違反し、不正に特権を行使して人民の尊厳と権益を侵害する重大な事件が、南浦《ナムポ》市温泉郡と慈江道ウシ郡で発生した」

金正恩が言及したのは、地方の幹部たちが工場竣工式を終え、祝賀会を開いたことを指すものとみられる。会議で金正恩は「南浦市温泉郡の幹部40人が群れをなして奉仕機関（国営のホテルか飲食店）で飲酒接待を受けたのは犯罪だ」と断定した。さらに「これはわが党が一番軽蔑する規律違反だ。規律調査部門ではターゲットを定め、厳格な規定と細則に基づき『狙撃戦』『追撃戦』『捜索戦』『掃討戦』を強力に展開していかなければならない」とまくしたてたという。

これは、住民たちが懐疑的に見ている「20×10政策」の失敗の責任を地方幹部になすりつけ、不満を抑えるためのパフォーマンスである。しかし、金正恩が「狙撃戦、追撃戦、捜索戦、掃討戦」を展開すると言った以上、最初にターゲットにされた幹部40人のみならず、大量の幹部が粛清され処刑される可能性が高い。

韓国国家安保戦略研究院の責任研究委員の一人は、「現在の状況は、1990年代に200万人以上が餓死した際、金正日《キムジョンイル》が責任を幹部たちに押し付け、1万人を処刑し、2万5000人を粛清した『深化組事件』と似ている」と語る。これから金正恩の血の粛清が始まるのではないか。

最大リスクは金正恩の健康異変

このような厳しい独裁統治の下では、当面、かつてのルーマニアや最近のシリアのように政権崩壊が起きる可能性は低い。地政学的な要因からも、北朝鮮で外部勢力の支援を受け、反政府軍が結成されることは難しく、人民蜂起もほぼ不可能である。隣国には北朝鮮を庇護する中国やロシアが存在し、政権の安定を支えているからだ。

北朝鮮の最大のリスクは健康不安説が絶えない金正恩の急死だろう。金正恩が権力を引き継いだ12年以降、これまでに公開された各国情報機関の資料やメディア報道、民間報告書、研究者の分析論文を総合すると、金正恩が健康上深刻な問題を抱えているのは間違いない。確認されただけでも3回の心血管拡張ステント手術を受け、少なくとも2回倒れて、深刻な状態に陥ったことがある。

金正恩が視察先で倒れ、昏睡状態に陥ったと世界中のメディアが報じたのは、20年4月のことだ。米国に本部を置く北朝鮮専門媒体「NKニュース」は20年4月20日、北朝鮮内部から入手した情報として、「金正恩が4月12日に平安北道妙香山《ミョヒャンサン》地区内にある金一家の専用病院、香山診療所で心血管手術を受けた後、近くの香山特閣（金一家の別荘の中で指導者だけが泊まる特別な建物）に移され治療を受けている」と伝えた。

「施術は平壌の金萬有《キムマニュ》病院（日本の在日朝鮮人、金萬有氏が朝鮮総連を通して22億円を寄付して建てた病院）の外科医が執刀した。また、朝鮮赤十字総合病院や平壌医科大学病院の1号（金正恩）担当医師も香山診療所に呼ばれた。4月19日までに金正恩の容態はかなり好転したため、大半の医療陣は平壌に復帰し、一部だけが香山特閣に残って見守っている」という内容だった。

それまでたびたび健康不安説が流れていただけに、ニュースは世界中を駆け巡り、大騒ぎになった。翌日、金大中《キムデジュン》政権時代に大統領府初代国情状況室長を務めた張成民《チャンソンミン》「世界と東北アジアフォーラム」理事長は、韓国メディアに対し次のように語った。

「午前10時10分頃、中国共産党高位幹部から電話をもらった。電話してきたのは中国内でも北朝鮮問題の第一人者として知られる人物だ。これまで50回以上、北朝鮮を出入りしている。彼の話によると、北朝鮮の最高幹部たちは、金正恩の状態は事実上、死亡と見なすしかないという結論を下した」

CNNをはじめ、韓国以外の各国の主要メディアも似たようなショッキングなニュースを流した。脱北者出身の韓国国会議員、池成浩《ジソンホ》氏に至っては「死亡を99パーセント確信する」と発言した。

この騒ぎは、5月2日付「労働新聞」に金正恩が登場したことで沈静化し、一時的なハプニングで終わったかに見えた。ただし、その後の金正恩の様子を観察した専門家の多くは、「そのとき、何かが起きていたのは間違いない」と見ていた。

5月1日、金正恩出席の下で、開催された順川燐肥料工場の竣工式の写真と動画には不自然な点が多すぎた。顔は浮腫のためか普段より大きく見え、左手首の下に黒い針を刺した痕が残っていた。韓国テレビに出演した医師は、「金正恩の体格からすると、心血管拡張のためのステントは手首からしか挿入できない」と述べた。

金正恩が十数メートル歩く場面もあったが、左足を引きずっていることも確認できた。また、普段、視察では使用しない電動式ミニバンが用意されていたことからも、歩行が困難な状態にあったと考えられた。

過渡期の権力は金与正に委譲

北朝鮮の権力構造からして金正恩の死亡は体制崩壊の引き金になり得ることは、金正恩自身も権力中枢の幹部たちも分かっているようだ。金正恩の異変が報じられてから7カ月後の21年1月に開催された朝鮮労働党第8回全体会議では、「朝鮮労働党規約改定に関する決定書」が採択され、金正恩死後に備えた項目が新設された。

改訂規約第25条が追加され、「党中央委第1書記は、朝鮮労働党総書記の代理人である」と明記した。第1書記は、金正恩が父・金正日から権力を継承した際に名乗っていた肩書である。その後、総書記に「昇格」したことで廃止されたたはずなのに「第1書記」というポストが再び設けられた。これは金正恩の業務を代行するためではなく、金正恩が死去した場合の代理人という役割を担うものだった。

当時、韓国の情報当局やメディアは、「そのポストに就いたのは金与正《キムヨジョン》か、組織秘書の趙傭元《チョヨンウォン》の可能性が高い」と分析したが、筆者は一貫して「これは金正恩死後に備えてつくったポストだ」と主張してきた。

当時の北朝鮮内部の状況からみても、党規約25条は、金正恩の思い付きで突然、新設されたものではないことは明らかだ。この時期から、金正恩は自身の死を意識し、準備していたのではないか。

興味深いのは、金正恩が生死の境をさまよっていた20年4月における金与正の振る舞いである。朝鮮労働党中央委員会の決定によるものか、あるいは彼女自らがしゃしゃり出たかは不明だが、金与正が一時的に全権を行使した。

金与正の暴走が目立ったのが20年4月から6月までだ。前後の脈絡をつき合わせてみれば納得できる。6月4日、金与正は、脱北団体の対北朝鮮ビラ散布に対し、「南朝鮮当局が応分の措置を取れなければ、開城《ケソン》工業地区の完全撤去、南北共同連絡事務所の閉鎖、さらには南北軍事合意の破棄につながる。覚悟しろ」と脅し、「最悪の事態に直面することを避けるつもりなら、今起きていることをしっかり見極めろ」と警告する談話を発表した。談話は金与正がすべてを判断し、指示を出しているかのような内容だった。その後、13日には、「南北連絡事務所を爆破する」と宣言、16日に実行に移した。さらに人民軍総参謀部代弁人が「金剛山《クムガンサン》観光地区と開城工業地区（軍事境界線付近）に連隊級部隊と必要な火力を展開する（南北軍事合意の破棄を意味する）」と声明を発表した。総参謀部も金与正の指示で行動を起こす準備を整えていたのだ。

金与正の暴走に慌てたのか、金正恩は急遽、「中央軍事委員会予備会議」をテレビ会議形式で招集した。声明発表から1週間後の23日だった。軍事委員会の予備会議をテレビ会議方式で開いたのは、それが最初で最後だ。

この会議で金正恩は、「造成された情勢を評価し、朝鮮人民軍総参謀部が中央軍事委員会に提起した対南軍事行動計画を保留する」と指示した。

日米韓政府関係者も、「20年4月に金正恩の異変が流れた後、金与正名義の指示文が党と軍に多数出されている」と北朝鮮内部の動きを注視していることを明らかにした。

20年4月22日付「読売新聞」は、「与正氏『権限代行』準備へ——正恩氏重篤報道、権

威向上図る」との記事で、日米韓協議筋の情報として「平壌で昨年末（19年末）、党中央委員会が開催された際、正恩氏が死亡などにより統治できなくなった場合は、権限すべてを与正氏に集中するとの内部決定が下された」と報じた。

この記事は、「日米韓協議筋」という不明確な情報源を引用し、推測めいた内容が含まれているため、信憑性には疑問符がついたが、金正恩が一時倒れていたとみられる20年4月以降、権力内部で「金正恩が急死した場合にどう対応するか」という議論が行われていたのは間違いない。その結論が、朝鮮労働党規約第25条の新設である。

この時期に北朝鮮内部で何が起きていたかについては、いまなお明らかになっていないが、金与正が金正恩の代わりに権力を行使したのは事実である。

国家情報院は同年8月20日、国会情報委員会で「金正恩の権限の一部が金与正に委譲された」と報告した。これについて国家情報院は「金正恩の統治ストレスの軽減」と「政策が失敗した場合の責任回避」が狙いとみられると説明したが、この時期、金正恩は心身ともに問題を抱えていたのだろう。

これを受けて、朝鮮労働党規約が改訂され、金正恩が死亡した場合、党中央委員会政治局常務委員会が指名する「朝鮮労働党第1書記」が複雑な手続きを取ることなく、金正恩のすべての権限を行使できるようにしたと考えられる。

この騒ぎから一つ確認できるのは、金正恩に異変が起きた場合、過渡期権力は自動的に金与正に移る可能性が高いということである。

薬が効かなくなっている

騒ぎから5年近く経つが、その間、金正恩が健康上の問題で倒れたという話は聞かない。ますます精力的で、健康にも見える。

それでも韓国の情報機関やメディアが金正恩の健康状態に強い関心を抱くのは、彼に異変が起これば、朝鮮半島全体が混乱に陥る可能性があるからだ。

では、金正恩の健康状態は本当のところどうなのか。金正恩が異常なほど肥満であるのは一目瞭然だ。これに加えてアルコール依存症やヘビースモーカー、不眠症に加え、食生活も不健康と言われる。スイス留学時代に覚えた嗜好なのか、高カロリーのスイス産エメンタールチーズが大好物だという。かつてはドイツのミュンヘンからビールを輸入して飲んでいた時期もあった。

こうした生活習慣が影響したのだろう。権力の座に就いて2年以上過ぎた14年7月、金日成の20周忌記念行事に姿を見せた金正恩は足を引きずっていた。朝鮮中央テレビが制作した記録映画「人民のための領導の日々」のなかでは、「不自由なお体なのに、人民のための領導の道を火の如く歩んでこられた元帥様」と、健康状態が芳しくないことを認める表現があった。

金正恩が、千里馬タイル工場の視察に訪れたときは健康不安を払拭《ふっしょく》するように、重いタイルを持ち上げて見せたが、「全身が汗でびっしょり濡れていたことも顧みず、労働者たちの健康を心配された敬愛する元帥様」と、やはり健康問題に触れていた。

その年、金正恩の健康状態を巡り、韓国「チャンネルA」テレビは、フランスとドイツの医療陣が平壌を訪問して金正恩を治療したことが確認されたとスクープ記事を発信した。それによれば、治療にあたったドイツの医師らが帰国後、自国の情報当局に金正恩の健康状態について報告し、その情報を韓国の情報当局が入手したという。報告書には「金正恩は足首だけではなく、内分泌系統や主要臓器にも異常がある」と記載されていた。

そのような報道を打ち消すためか、記事が出た後、金正恩は公の場に再び姿を見せ、満面に笑みを浮かべて幹部たちと談笑しながら歩いたが、杖を手にもち、足を引きずっていた。韓国に亡命した駐キューバ北朝鮮大使館のリ・イルギュ氏は、「平壌では、金正恩がバスケットボールをして足を怪我したという噂が流れていた」と証言している。

しかし、それは当局が意図的に流した噂の可能性が高い。韓国情報当局は右足首の嚢胞《のうほう》の除去手術を受けていたとの見方を示した。

韓国の国家情報院は、金正恩の体重を、立体スキャン技術を使って測定し、健康状態に関する細かな異常を監視し、国会に報告している。15年11月、平壌の靴工場を視察したときに手首に包帯を巻いていた。16年1月には、労働党会議で金正恩が手首を異常な角度に曲げている姿が確認された。20年ころにできたとみられる左頬のできものが、4年が経っても消えないので、悪性腫瘍の可能性があるとの見方もある（24年8月「中央日報」）。

22年6月18日付「労働新聞」には、金正恩が自宅で李雪主《リソルチュ》夫人と人民に贈る薬を包む写真が掲載されたが、金正恩が胸に大きなパッチを付けていることが写真から確認された。

韓国統一研究院の趙漢凡《チョハンポム》研究員は、「金正恩は動く総合病棟だ」と指摘する。金一族の長寿を研究する「萬青山研究所」に勤務した脱北者も、「金正恩は健康に悪い習慣をすべて身につけている。医者の助言など聞かない。おそらく自身の健康をコントロールできない」と筆者に語ったことがある。

同氏によれば、金正恩は一日に煙草を約80本吸うという。煙草を手から外さないという事実は北朝鮮メディアの報道でも確認される。災害地域を視察に訪れたときも、幼稚園を訪問したときも、灰皿を前に置いて煙草を手に挟んだまま、幹部に指示を出していた。

韓国情報当局の推定では、金正恩の身長は169センチ、体重は145キロで、肥満度をあらわすBMIは、正常な成人の約2倍にあたる48・44という超高度肥満状態だ。これは成人男性一人を負ぶって生活しているのと同じようなものだ。

23年9月、ロシアを訪問したとき金正恩を取材した際の映像を見ると、3秒に一度ほど荒い息を吐く様子が確認された。24年7月には、北朝鮮の在外公館が金正恩のために新しい薬剤を探している動きが韓国情報当局に捉えられた。韓国情報当局によれば、金正恩は高血圧と糖尿病、心血管系統の疾患を患っている可能性が高く、これまでに使っていた薬は効かなくなっている状態だという。

「ジュエ」が権力を引き継ぐ日は来るのか

金正恩が死後を意識して後継体制を準備しているのではないかと囁《ささや》かれるようになったのは、健康不安説に加え、娘のジュエを頻繁に公の場に連れ出して、特別な扱いをしているからでもある。

13年生まれとされるジュエが初めて公の場に姿を見せたのは、22年11月、9歳のときだった。北朝鮮が大陸弾道ミサイル「火星-17」の試験発射を行った現場に金正恩に同行した。その後、25年2月現在までに約40回も金正恩の現地視察に同行し、そのうちの7割以上が軍関連行事であったことが注目されている。

ジュエの登場後、すぐに「後継者」と断定する見解を発表した韓国世宗研究所の鄭成長《チョンソンジャン》韓半島戦略センター長は、「北朝鮮メディアの報道内容、幹部たちの接し方、金正恩に随行する頻度、呼称などすべてが後継者でなければ説明できない。後継者に指名されたのは間違いない」と指摘した。

しかし、現時点でも金正恩の娘の正式な名前すら確認できていない状況だ。「ジュエ（主愛）」という名前も確認されたものではなく、あくまで推測の域を出ない。22年に韓国に亡命した労働党中央専門部署の元幹部は知人宅で、その家族の一員が金正恩の娘を抱いて撮った写真を見たと証言した。写真の額縁には「ジュエ公主（姫）と共に」と書かれていたという。

「ジュエ」という名前が広まったのは、プロバスケットボール選手のデニス・ロッドマンがきっかけである。ロッドマンは、北朝鮮を訪問した際、金正恩の娘を紹介され、抱きあ

北朝鮮・元山の観光地区を娘のジュエを連れて歩く金正恩

げたことがあるが、そのとき金正恩夫妻は娘を「ジュエ」と呼んだと主張した。

しかし朝鮮語を話せず、朝鮮半島に知識の乏しいロッドマンが聞き取った名前が本当に「ジュエ」だったかは定かではない。

それでも、いまや金正恩の娘の名前は「ジュエ」で通っている。北朝鮮側も反論や説明をしていない。北朝鮮メディアは名前を呼ばずに「尊貴なる子息様」「尊敬する子息様」と呼ぶのみで、具体的な名前を公表していない。

これまで筆者が面談した北朝鮮専門家の中で、北朝鮮出身の元高官は例外なく後継者説を否定しているが、韓国の研究者や情報機関の分析官の多くは、当初は半信半疑だったも

の の、「後継者説を否定する根拠はない」としている。

筆者は、ジュエ登場の意味は二つあると考える。

一つは「金一族の権力は代々、娘世代に受け継がれるので、余計なことを考えるな」と幹部たちに示す意味と、「ジュエも後継者候補の一人である」というメッセージである。

もっと重要なのは、ジュエの登場と金正恩死後の北朝鮮権力の構造がどう変化するかだ。詳細な分析は別の機会に譲るとして、まずは現在の金正恩政権の行方を注視したい。

金正恩は健康問題を抱えている上に、破綻状態にある経済を立て直すために打ち出した政策も成果を挙げられず、「内憂外患」状態にある。深刻な食糧問題、エネルギー問題を解決し、政権の安全を図るべくロシアと「同盟」を結び、ウクライナ戦争に傭兵を送ったが、トランプ大統領の再登場で米露間に金正恩の予期しない取引が成立すれば、プーチン大統領から見捨てられることもあり得る。

ジュエや金与正が権力を引き継ぐ前に、金正恩政権は終焉を迎える可能性も否定できない。

脚注

第1章

1 金建希夫人は尹錫悦大統領と結婚する前に株価操作事件に巻き込まれ、約2年にわたって調査を受けたが、「容疑なし」との処分が下された。その後、文在寅政権時代に尹氏が検事総長として文大統領の意向に反して政府高官の不正を捜査し始めると、これに反発した与党「共に民主党」の議員が金夫人を告発し、再捜査が開始された。再捜査では大検察庁やソウル地検の三つの部署が総動員され、約2年間近く徹底捜査が行われたが、結論は再び「容疑なし」であった。それにもかかわらず、今度は特別検事を任命し、「株価操作疑惑」以外の容疑についても捜査しようとしている。

2 巫俗人を指す言葉であり、朝鮮半島に伝わるシャーマン（職業的宗教者）のことを意味する。シャーマンがクッ（굿）という儀式を行い、神を憑依させてお告げをする。この儀式を執り行う人をムーダン（ムダン）（巫堂）という。

3 14年4月16日に韓国の大型旅客船「セウォル（世越）」が全羅南道珍島郡の観梅島沖海上で転覆・沈没した事故。セウォル号には、修学旅行のために高校2年生の生徒325人と引率教員14人のほか、一般客108人、乗務員29人の計476人が乗船していた。この沈没事故により乗員・乗客299人が死亡、5人が行方不明者となり、捜索中の作業員8人が命を落とした。

第2章

4 全国大学生代表者協議会（全大協）議長を務めた学生運動家出身。全大協議長時代の1989年6月、金正日

がソウル五輪に対抗して同年7月に開催予定だった平壌世界青年学生祝典に、韓国外国語大学校の女子学生・林秀卿を秘密裏に派遣した。この行為が国家保安法違反行為に問われ、逮捕・起訴された。1審で懲役10年の判決を受け、控訴審で懲役5年が確定し服役した。出所後も親北朝鮮活動を続け、2004年に南北経済文化協力財団を設立。北朝鮮当局の著作権代理人を名乗り、韓国メディアから著作権料を徴収し北朝鮮に送金していた。その後、文在寅政権誕生によって大統領府秘書室長に抜擢された。

5 文在寅政権で大統領府民情首席秘書官、法相を歴任。子どもの進学に絡んで、私文書を偽造した容疑などで2年の実刑判決を受けた。第22代総選挙（2024年）に出馬し当選したが、大法院で有罪が確定して服役中。

6 李在明氏によれば、家があまりにも貧しかったため、母は彼を出産した正確な生年月日を記憶していなかった。しかし、初等学校に入学する際、記録簿に生年月日を登録する必要があったため、占い師を訪ねて適当な日を決めたという。2006年に李氏が執筆した回顧録には「母は僕の誕生日を旧暦の1963年10月23日だと言ったが、それが正しいかは分からない。ただ、63年10月に生まれたことは確かだ」と記している。

7 民革党ともいう。1998年12月、韓国海軍が麗水近海で北朝鮮工作員6人を乗せた潜水艇を撃沈する事件が発生。潜水艇の捜索で工作員らが民革党関係者と接触していた事実が判明した。また、民革党の内部組織に関する記録が発見され、実態が明らかになった。

8 大統領の座を狙う李在明氏が、選挙前に北朝鮮訪問を実現させるため、北朝鮮当局に働きかける目的で民間業者が李在明氏に代わり朝鮮労働党幹部に巨額の現金を渡していたことが確認されている。もし李在明氏がこれに直接関与した事実が認められれば、「収賄罪」になる。

9 福島第一原発事故で発生した処理水放流に抗議するためというが、本当は裁判を遅らせるためだったというのが一般的な見方だ。実際にハンガーストライキで3カ月もの時間を稼いでいた。

第3章

10 朴正煕大統領在任中の1960年代から70年代にかけて成し遂げた高度経済成長を指す言葉。

11 これまで金大中氏と金泳三氏が京釜高速道路建設を阻止するため、建設現場に横たわって抗議したとする写真が広く流布されていた。しかし、進歩系のメディア「オーマイニュース」によれば、現場に横たわっていた写真の男（顔は見えない）は金大中氏ではなかったという。

12 英国生まれのカナダの長老派教会宣教師。獣医師、細菌学者、衛生学者でもある。外国人としては珍しく韓国の独立有功者になった人物。戦前、戦後に韓国で活動し、自らつけた名前、石虎弼（Schofield、Scofield）を使うこともあった。韓国人が尊敬する代表的なプロテスタントの一人とされる。

13 富裕層が多いソウル市漢江の南の地域に住む「金持ちの左派」を指す言葉。偽善者という意味でも通じる言葉である。

第4章

14 2012年夏に、筆者は朴槿恵氏の伝記執筆のためソウルを訪問した。その際、朴正煕元大統領の秘書官を務めた董勲氏（故人）と面会し、著書を授かり、朴正煕政権の知られざる逸話を聞いた。

15 韓国では「IMF事態」と呼ばれている。外貨不足に陥った韓国が国際通貨基金（IMF）に支援を要請し、その後、韓国経済はIMFの管理下で運営された。

第5章

16 金正恩の招きで平壌を訪問し、帰国して間もない時期に藤本健二氏に筆者が直接、聞いた話である。昼食の席で金正恩が何も食べないので、藤本氏が「将軍様、なぜ召し上がらないのですか」と聞くと「昨晩ワインを12本も飲んだからな」と答えたそうだ。

17 北朝鮮の公式発表では１９４２年2月16日の生まれとなっているが、筆者の研究によれば、１９４１年2月16日生まれだ。その理由については自著『金正日秘録』（産経新聞出版、２０１４年）で詳細に述べたが、決定的な根拠となるのは、１９４０年秋、金日成と一緒にソ連へ逃亡する途中の山中で行った金日成と金正淑の簡素な結婚式に立ち会ったという中国朝鮮族の証言だった。当時、金日成が急いで結婚式を挙げたのは、正淑が妊娠したからだったという。

18 毛沢東時代の中国では、人民を「労働者・農民階級」、過去に資本家や地主だった者、知識人などを「反動階級」として区分し、労働者・農民階級は常にこれらブルジョア的な人々と闘争しなければならないと強調していた。しかし、実際には無知蒙昧な労働者・農民を、自らの政敵を攻撃する反動分子を打倒するための道具として利用していたに過ぎなかった。

第6章

19 金一族3代を経て北朝鮮の山々には緑がなくなった。冬に寒さをしのぐために、住民らが無差別に樹木を伐採したからだ。

参考文献（韓国語文献はタイトルのみ日本語訳をつけ、刊行年順に並べている）

1. 박천기（２０２５『쫓겨난 권력자 무도한 시대, 무도한 권력자들의 최후（追い出された権力者たち　―無道な時代、無道な権力者たちの最後）』디페랑스
2. 정성장（２０２５）『우리가 모르는 김정은-그의 정치와 전략（我々が知らない金正恩　―彼の政治と戦略）』한울
3. 고영주／장영관（２０２４）『대통령이 된 간첩-문재인을 간첩이라 주장하는 １００가지 이유（大統領になったスパイ　文在寅をスパイと主張する１００の理由）』북저암
4. 平井久志（２０２４）『金正恩の革命思想　北朝鮮における指導理念の變遷』筑摩書房
5. 이재명 스토리텔링콘텐츠연구소（２０２４）『이재명자서전 그 꿈이 있어 여기까지 왔다（李在明自叙伝　―夢があったからここまで来た）』아시아
6. 이재명일기를 조정미가 읽고쓰다（２０２４）『이재명의 나의 소년공 다이어리（李在明の　私の少年工ダイアリー）』팬덤북스
7. 문재인（２０２４）『변방에서 중심으로 문재인 회고로（文在寅回顧録　―辺境から中心に）』김영사
8. 박근혜（２０２４）『어둠을 지나 미래로 박근혜 회고록Ⅰ・Ⅱ（朴槿恵回顧録　―暗闇を抜けて未来へⅠ・Ⅱ）』중앙일보에스
9. 김문수（２０２４）『대한민국이 아프다（大韓民国が痛んでいる）』생각하는 갈대
10. 변억환（２０２４）『대한민국 정치에서 이기는법（大韓民国政治で勝つ法）』생각의뜰
11. 변희재（２０２３）『나는 그해 겨울 저들이 한 짓을 알고 있다（私はその冬に彼らがやったことを知っている）』미디어워치
12. 변 상문（２０２３）『북한 정권과 북한 군（北韓政権と北韓軍）』도서출판청미디어
13. 정승기（２９２３）『북한 비핵화 어떻게 해야 하나（北韓非核化はどうすれば良いか）』북코리아
14. 심규진（２０２３）『73년생 한동훈-보수정치의 복원과 대한민국의 미래（73年生まれの韓東勲　―保守政治の復元と大韓民国の未来）』도서출판 새빗
15. 강준만（２０２３）『정치 무당 김어준（政治ムーダンキム・オジュン）』인물과사상사
16. 김주성 등 공저 （２０２３）『문재인 흑서・위선의 역사（文在寅黒書、偽善の歴史）』타임라인출판

17. 주연종(２０２３)『북한은 어떻게 １인 지배체제가되었는가? 법과 사법제도로 체계화 된 지배구조(北韓はどのようにして１人支配体制になったか?法と司法制度により体系化した支配構造)』선인
18. 강준만(２０２２)『좀비 정치(ゾンビ政治)』인물과사상사
19. 강혜석 등 (２０２２)『김정은 체제 10년, 새로운 국가 전략(金正恩体制10年、新しい国家戦略)』도서출판선인
20. 김태형/박사랑(２０２２)『이재명의 스피치 부록-윤석열의 말과 심리(李在明のスピーチ　付録：尹錫悦の言葉と心理)』새해 문집
21. 곽길섭(２０２２)『북핵과 분단을 넘어(北韓と分断を超えて)』북랩
22. 열린공감ＴＶ취재팀(２０２２)『윤석열Ｘ파일 검찰공화국을 꿈꾸는 윤석열 탐사 리포트(尹錫悦Ｘファイル—検察共和国を夢見る尹錫悦探査リポート)』열린공감ＴＶ
23. 한상진 등(２０２１)『윤석열과 검찰개혁(尹錫悦と検察改革)』도서출판 뉴스타파
24. 김연우(２０２１)『구수한 윤석열(面白い尹錫悦)』리딩라이프북스
25. 김창영(２０２１)『윤석열을 부르는 대한만국(尹錫悦を呼ぶ大韓民国)』따뜻한 손
26. 천준(２０２１)『별의 순간은 오은가(星の瞬間は来るのか)』서울문화사
27. 이 동찬(２０２０)『북한軍 권력 기관과 엘리트· 김정일 김정은 시대(北韓軍　権権力機関とエリート金正日、金正恩時代)』도서출판 선인
28. 최서원(２０２０)崔順実(朴槿恵の友人とされた人物の手記)『나는 누구인가(私は誰か)』하이비전
29. 퍼스트코리아(２０１９)『보수우파 집권을 위한 조건(保守右派執権のための条件)』타임라인
30. 김인성(２０１９)『유시민, 이재명(ユ・シミン、李在明)』홀로깨달음
31. 김세의(２０１９)『좌파가 장악한 대한민국(左派が掌握した大韓民国)』김세의
32. 조원룡(２０１９)『드루킹의 따거(トルキン事件とタゴ)』글마당
33. 애나파이필드(２０１９)『김정은평전 마지막 계승자(金正恩評伝　最後の後継者)』도서출판 프리뷰
34. 채명성(２０１９)『지나간 탄핵, 다가올 탄핵 탄핵 인사이드 아웃２(過ぎ去った弾劾、やってくる弾劾、インサイダーアウト２)』도서출판 기파랑

35. 채명성(2019)『탄핵 인사이드 아웃: 탄핵 심판 형사 재판 변호사의 1년간의 기록(弾劾—インサイドアウト、弾劾審判行使—裁判弁護士の「1年間の記録」』도서출판 기파랑
36. 우종창(2019)『우종창기자가 말하는 박근혜 대통령 탄핵의 진실, 그리고 재판: 대통령을 묻어버린 거짓의 산(ウ・チョンチャン記者が語る朴槿恵弾劾の真実、そして裁判、大統領を葬った嘘の山)』거짓과 진실
37. 이윤섭(2019)『마리앙투아네트의 진실과 거짓 박근혜를 위한 변명(マリアントアネットの真実と嘘　朴槿恵のための弁明)』출판시대
38. 태영호(2018)『태영호 증언 3층 서기실의 암호(太永浩証言、3層書記室の暗号)』도서출판 기파랑
39. 윤정태(2018)『손석희의 태블릿PC 조작보도, 박근혜를 탄핵하다(孫石煕のタブレットPC操作報道、朴槿恵を弾劾する)』위대한블록체인이더리움
40. 윤석만(2018)『리라이트 보수가 세워야 할 자유주의의 가치(リライト保守が立てなければならない自由の価値)』가디언
41. 스티븐 레비츠키/대니얼 지블랫(2018)『어떻게 민주주의는 무너지는가(民主主義はどのように崩れるのか)』도서출판 어크로스
42. 류희림(2018)『가짜 뉴스시대에서 살아남기(偽ニュース時代に生き残る方法)』글로세움。공병호(2019)『좌파적 사고 왜, 열광하는가(左派的な思考、なぜ熱狂するのか)』공병호연구소
43. 李相哲(2018)『金正日秘録』潮書房光人新社
44. 전상훈(2017)『촛불시민혁명 승리의 기록(ロウソク市民革命勝利の記録)』깊은샘미디어
45. 강준식(2017)『대한민국의 대통령들(大韓民国の大統領たち)』김영사
46. 변희재・미디어워치(2017)『손석희의 저주(孫石煕の呪い)』미디어실크
47. 장진성(2017)『수령 연기자 김정은(首領演技者　金正恩)』비봉출판사
48. 이재명・서해성(2017)『이재명의 굽은 팔(李在明のまがった腕)』김영사
49. 이종태(2017)『햇볕 장마당 법치-북한을 바꾸는 法(太陽の光チャンマダン法治—北韓を変える法)』도서출판 개마고원
50. 조기숙(2017)『왜 진보언론조차 노무현・문재인을 공격하는가? 왕따의 정치학(なぜ進歩言論さえ盧武鉉・文在寅を攻撃するのか？いじめの政治学)』위즈덤하우스 미디어 그룹

51. 한철희（2017）『최순실게이트-기자들 대통령을 끌어내리다（チェ・スンシルゲート：記者たちが大統領を引きずりおろした）』돌베개
52. 노무현（2017）『진보의 미래（進歩の未来）』도서출판 동녘
53. 진실의 피카츄（2017）『문재인검증 보고서（文在寅検証報告書）』실레북스
54. 매일경제 경제부（2017）『나라다운나라를 위한문재인 정부 5년의 약속 문재인노믹스（国らしい国のための文在寅政府5年の約束—文在寅のミックス）』매경출판
55. 전창수 등（2016）『최순실과 예산 도둑들（チェ・スンシルと予算泥棒たち）』도서출판 답
56. 국가안보전략연구원（2016）『김정은집권5년失政백서（金正恩執権5年失政白書）』国家安保戦略研究院
57. 스르자 포포비치・매슈 밀러（2016）『독재자를 무너뜨리는 법（独裁者を倒す方法）』문학동네
58. 박시영 등（2016）『19대 태통령（19代大統領）』토크쇼
59. 최인호（2016）『어느 날 이재명을 만났다（ある日李在明に出会った）』씨스케이프
60. 민영삼（2016）『야당의 선택（野党の選択）』지식중심
61. 삼융택（2015）『崛起 박정희 경제강국 굴기18년 핵개발 프로젝트（崛起 朴正熙経済強国崛起18年（シリーズもの第10巻）、核開発プロジェクト）』동서문화사
62. 안병훈（2015）『젊은 세대를 위한 바른 역사서 혁명아 박정희 대통령의 생애（若い世代のための正しい歴史書 革命児朴正熙大統領の生涯）』도서출판기파랑
63. 김동춘（2015）『대한민국은 왜? 1945-2015（大韓民国はなぜ？ 1945-2015）』사계절출판사
64. 강준만（2014）『싸가지 없는 진보（下品な進歩）』인물과사상사。
65. 이강래（2014）『핵보유국북한（核保有国 北韓）』메디치미디어
66. 박형기（2014）『권력은 총구에서 나왔다：박정희 vs마오쩌둥（権力は銃口から生まれた：朴正熙VS毛沢東）』알렙
67. 지만원（2014）『12년 연구의 결과물 5・18분석 최종보고서（12年研究の結果物、5・18最終報告書）』도서출판 시스템
68. 강준만（2013）『갑과 을의 나라（甲と乙の国）』인물과사상사
69. 사람사는 세상 노무현 재단（2010）『노무현 자서전 운명이다（盧武鉉自叙伝 運命だ）』돌베개

70. 강준만（２０１２）『강남좌파（ガンナ左派）』인물과사상사
71. 변희재（２０１２）『변희재의 태블릿 사용 설명서（ビョン・ヒジェのタブレットＰＣ使用説明書）』미디어워치
72. 이용준（２０１０）『후계자 김정은（後継者金正恩）』늘품플러스
73. 빅터 D. 차（２００４）『적대적 제휴-한국, 미국, 일본의 삼각 안보체제（敵対的提携―韓国、米国、日本の三角安保体制）』문학과지성사
74. 여영무（２００７）『좌파 대통령의 언론과의 전쟁（左派大統領の言論との戦争）』도서출판 뉴스엔피플
75. 이춘근（２０１２）『미국에 당당했던 대한민국 대통령들-다시 생각하는 이승만・박정희의 벼랑끝 외교전략（米国に堂々と渡り合った大韓民国大統領たち―もう一度吟味する李承晩、朴正熙の瀬戸際外交戦略）』글마당
76. 小此木政夫（１９９９）『金正日時代の北朝鮮』財団法人日本国際問題研究所
77. 월러 R 뉴웰（２０１２）『대통령의 조건（大統領の条件）』북이십일21세기북스。 78. 이병호（２０２４）『좌파정권은 왜 국정원을 무력화 시켰을까（左派政権はなぜ国情院を無力化したか）』도서출판 기파랑
79. 곽길섭（２０１９）『김정은 대해부 그가 꿈꾸는 권력과 미래에 대한 심층 고찰（金正恩大解剖―彼が夢見る権力と未来に対する深層考察）』도서출판선인
80. 언론을 걱정하는 포럼（２０１７）『바람보다 먼저 누운 언론 탄핵정국１００일간의 기록（風が吹く前に横に倒れる言論：弾劾政局１００日の記録）』도서출판 기파랑
81. 정철운（２０１６）『박근혜 무너지다 한국 명예혁명을 이끈 기자와 시민들의 이야기（朴槿恵崩れる―韓国名誉革命を導いた記者と親民たちの物語）』메디치미디어
82. 李相哲（２０１２）『朴槿恵の挑戦―ムクゲの花が咲くとき』中央公論新社
83. 한귀영（２０１１）『진보 대통령 vs보수 대통령 대통령 어젠다를 통해 본 한국 정치（進歩大統領VS保守大統領―大統領のアジェンダーを通してみる韓国政治）』폴리테이아
84. 제스퍼 베커（２００５）『불량 증권（不良政権）』도서출판 기파랑
85. 엄광석（２００３）『２００２대선 음모（２００２年大統領選挙陰謀）』도서출판 청어

[著者プロフィール]
李相哲（り・そうてつ）
龍谷大学教授。1959年中国生まれ。中国北京中央民族大学卒業後、新聞記者を経て87年に来日。上智大学大学院で博士（Ph.D.新聞学）学位を取得。98年より現職。同年に日本国籍取得した。専門は東アジアの近代史・メディア史。特に現代韓国、北朝鮮情勢の分析に定評がある。大学での講義、研究活動の他に、主要メディアのニュース解説や討論番組に出演。YouTube「李相哲テレビ」は再生回数１億回を突破した。主な著書に『金正日と金正恩の正体』（文春新書）、『朴槿恵の挑戦－ムクゲの花が咲くとき』（中央公論新社）、『金正日秘録　金正恩政権はなぜ崩壊しないのか』（産経新聞出版）、『北朝鮮がつくった韓国大統領－文在寅政権実録』（産経新聞出版）、『世界から取り残されるいまの日本が心配だ』（青志社）などがある。

写真提供　共同通信社/アマナイメージズ
ZUMAPRESS.com/amanaimages
Alamy Stock Photo/amanaimages

いま朝鮮半島で起こっている本当のこと

2025年４月14日　　第１刷発行

著　者　李　相哲
発行者　唐津　隆
発行所　株式会社ビジネス社
〒162-0805 東京都新宿区矢来町114番地
神楽坂高橋ビル５階
電話 03(5227)1602　FAX 03(5227)1603
https://www.business-sha.co.jp

カバー印刷・本文印刷・製本/半七写真印刷工業株式会社
〈装幀〉大谷昌稔
〈本文デザイン・DTP〉茂呂田剛（エムアンドケイ）
〈営業担当〉山口健志　〈編集〉宇都宮尚志

ISBN978-4-8284-2716-4